明行动之道　筑事业之基

——高校辅导员实战手册

石瑞宝　赵丽娟　赵新燕　编著

山东大学出版社
SHANDONG UNIVERSITY PRESS
·济南·

图书在版编目(CIP)数据

明行动之道　筑事业之基:高校辅导员实战手册/石瑞宝,赵丽娟,赵新燕编著.—济南:山东大学出版社,2021.8

ISBN 978-7-5607-7125-0

Ⅰ.①明…　Ⅱ.①石…②赵…③赵…　Ⅲ.①高等学校—辅导员—工作—手册　Ⅳ.①G645.1-62

中国版本图书馆 CIP 数据核字(2021)第 169283 号

策划编辑　宋亚卿
责任编辑　王桂琴
文案编辑　杨露宾
封面设计　杜　婕

出版发行　山东大学出版社
社　　址　山东省济南市山大南路 20 号
邮政编码　250100
发行热线　(0531)88363008
经　　销　新华书店
印　　刷　山东和平商务有限公司
规　　格　720 毫米×1000 毫米　1/16
　　　　　13.25 印张　226 千字
版　　次　2021 年 8 月第 1 版
印　　次　2021 年 8 月第 1 次印刷
定　　价　48.00 元

前　言

《普通高等学校辅导员队伍建设规定》中明确规定：辅导员是开展大学生思想政治教育的骨干力量，是高等学校学生日常思想政治教育和管理工作的组织者、实施者、指导者。辅导员应当努力成为学生成长成才的人生导师和健康生活的知心朋友。广大辅导员工作在学生教育管理的第一线，在多年的工作实践中经历了各种各样的事件，也积累了一定的工作经验。但大部分新入职辅导员只经过短暂培训就立即上岗，多数需要到实际工作中去摸索经验和规律。由于辅导员的事务性工作繁复冗杂，极易在工作中出现疏忽和纰漏，影响工作效率。为了给广大辅导员特别是新入职辅导员提供参考，使他们少走弯路，特编写本书。

本书共有四大部分。第一部分是分年级学生工作周历，按照每年级每学期，精确到每个周的学生工作重点，告知辅导员提前预知、提前规划。第二部分是学生工作基础问答，从思想政治教育、学风建设、班级建设、安全稳定、资困助学、心理健康、就业创业、党团建设等多个方面对辅导员在实际工作中遇到的问题进行解答。第三部分是校园突发事件应急预案，提升辅导员面对突发危机时的应急处理能力。第四部分是工作案例分享，以真实案例给辅导员以提示，给出相关事件处理思路和办法，提升工作能力。

作　者

2021 年 5 月

目　录

第一部分　学期周历——明行动之道

第二部分　基础问答——解心中之惑

第三部分 应急预案——危机面前处乱不惊

第四部分 工作案例——他山之石可以攻玉

第一部分

学期周历——明行动之道

一、大一第一学期工作(见表1)

表1　　大一第一学期工作

	周数	类别	工作内容	重要性
8月	开学前1周	思想教育和价值引领	建立迎新QQ群,通过网络让学生了解学校、学院的历史、现状和未来的发展,熟悉学校、学院自然环境和人文环境,感受学校优良校风学风,教育引导学生爱校荣校	* *
		事务管理	根据新生花名册分宿舍	*
			根据新生电子档案了解新生情况、家长信息	* * *
			选拔辅导员助理并培训	* *
			迎新志愿者培训	*
			迎新物资、材料准备	*
9月	第1周	思想教育和价值引领	新生入学教育(制定具体方案并实施)	* * *
		事务管理	迎新现场的组织及协调	*
			召开新生家长见面会,建立家校联络机制,采集家长联络方式	* *
			宿舍走访,与新生沟通,提醒注意事项	* *
			开学典礼暨军训开营	*
			临时负责人选拔,确定宿舍长	* *
			校规校纪学习	* * *
			学生体检、打疫苗(配合校医院)	*
		安全稳定	考勤查寝	* *
			宣传防骗防盗防火知识,加强管理,以防止骗子进入宿舍行骗	* * *
			大学生医保、学生意外险的投保	* *
		资助	生源地贷款、国家助学贷款资料收取,做好"绿色通道"相关工作	*
		党团和班级建设	党、团员组织关系转接	*
			开学第一次新生班会	* * *

续表

	周数	类别	工作内容	重要性
9月	第1周	心理	关注新生适应问题，及时发现有异常行为的学生并进行关注	* * *
9月	第2周	思想教育和价值引领	新生入学教育（按照方案实施）	* *
			中华优秀传统文化（中秋节）、感恩教育	* * *
		事务管理	军训	* *
			宿舍内务学习及比赛	* *
			整理档案等材料	*
			召开宿舍长会议，明确宿舍长职责	* * *
			学习《学生手册》	* *
			迎新晚会（视学院情况而定）	*
		安全稳定	考勤查寝	* * *
			特殊群体排查、研判、信息上报	* * *
		资助	宣讲国家、学校各项资助政策	* *
			家庭经济困难学生认定前期准备工作	*
		党团和班级建设	召开班会，增进班级同学的了解	*
		心理	及时发现有异常行为的学生进行关注	* * *
	第3周	思想教育和价值引领	新生入学教育（按照方案实施）	* * *
			“学手册，知规范，见行动”主题教育	* * *
			谈心谈话，帮助新生适应	* * *
		事务管理	军训结业典礼	* *
			中秋假期离校情况统计	* * *
			安排留校学生的中秋节活动	* *
			班委选拔准备工作（收申请书）	*
			学习《学生手册》	* *
			办理休学、复学等学籍异动学生的交接工作	*
		学风建设	新生开课，关注上课情况，严格考勤	* *

续表

	周数	类别	工作内容	重要性
9月	第3周	安全稳定	考勤查寝	***
			中秋假期安全教育	***
		资助	家庭经济困难学生认定	**
		党团和班级建设	新生团课	
			入党启蒙教育	*
			学生组织纳新	*
		心理	开展心理普测	**
	第4周	思想教育和价值引领	新生入学教育(按照方案实施)	**
			爱国主义教育主题活动(迎接国庆)	***
		事务管理	学生学籍注册、办学生证	*
			国庆长假离校人员请假、留校人员统计	***
			班委竞选并确定人选	***
			准备《学生手册》抽考	**
		学风建设	进课堂听课	**
			与任课教师沟通交流	*
		安全稳定	考勤查寝	***
			放假前学生公寓安全排查	**
			国庆长假安全教育	***
		资助	家庭经济困难学生认定情况公示	**
		党团和班级建设	与班主任、班委进行工作沟通,制定本学期班级建设计划	**
			国庆主题团日活动	**
		心理	心理普测筛查,关注结果	***
			上报学院心理健康月报	**
10月	第6周	思想教育和价值引领	了解新生思想动态	***

续表

	周数	类别	工作内容	重要性
10月	第6周	事务管理	国庆长假学生返校情况统计	***
			走访宿舍了解学生情况	**
			学生干部培训工作	**
			主题班会	**
		学风建设	进课堂听课	*
			关注学业困难(学习不适应)新生	***
		安全稳定	考勤查寝	***
		资助	关注家庭经济困难学生	**
		党团和班级建设	入党申请书审查	*
			主题团日活动	*
		心理	心理普测结果分析,筛选心理预警学生	***
	第7周	思想教育和价值引领	校史、校情教育(校庆日)	**
		事务管理	走访宿舍了解学生情况	**
			举办系列活动帮助新生尽快适应大学生活	**
			新老生交流会	**
		学风建设	进课堂听课,与任课教师沟通交流	**
			关注学业困难(学习不适应)新生	***
		安全稳定	考勤查寝	***
		资助	国家助学金评定工作	**
		党团和班级建设	入党申请书审查	*
		心理	心理委员培训	**
			重点关注心理异常学生	***
	第8周	思想教育和价值引领	新生入学教育(按照方案实施)	**
			学生组织纳新受挫学生的安抚和教育引导	***

续表

	周数	类别	工作内容	重要性
10月	第8周	事务管理	走访宿舍	* *
			召开宿舍长会议，了解学生情况	* *
		学风建设	进课堂听课，与任课教师沟通交流	*
			关注缺勤(逃课)学生	* * *
		安全稳定	考勤查寝	* * *
		资助	国家助学金评定工作	* *
		党团和班级建设	打造独具特色的班级口号、班级目标	* *
		心理	上报学院心理健康月报	* *
			与筛选心理预警学生谈心谈话	* * *
	第9周	思想教育和价值引领	新生入学教育(按照方案实施)	* *
		事务管理	走访宿舍	* *
			《学生手册》抽考	* * *
			对特殊(逃课、晚归、不归等)学生开展谈心谈话	* * * *
		学风建设	考风考纪教育	* * *
		安全稳定	考勤查寝	* *
		资助	国家助学金评定工作	* *
		党团和班级建设	班干部碰头会，了解并解决班级问题	* * *
		心理	重点关注心理预警学生，谈心谈话	
11月	第10周	思想教育和价值引领	新生入学教育(按照方案实施)	* * *
		事务管理	走访宿舍了解学生情况	* *
			《学生手册》补考	* *
			与特殊学生家长建立良性互动	* * *

续表

	周数	类别	工作内容	重要性
11月	第10周	学风建设	配合期中教学检查,做好学风督察工作	*
			关注学业困难新生	* *
		安全稳定	考勤查寝	* * *
		资助	国家助学金评定工作	*
		党团和班级建设	班级凝聚力活动	*
		心理	新生参观、体验大学生心理健康教育咨询中心各功能室及设备	*
			重点关注心理异常学生	* * *
	第11周	思想教育和价值引领	新生入学教育(按照方案实施)	*
			安全、普法教育	* *
		事务管理	走访宿舍	* *
			与特殊学生家长建立良性互动	* * *
		学风建设	关注学业困难新生	* *
			学业生涯规划指导	* *
		安全稳定	考勤查寝	* * *
			"11·9消防日"消防安全宣传	* *
			"双十一"网购安全提醒	* *
		资助	国家助学金评定工作	*
		党团和班级建设	主题班会:期中总结反思	* *
		心理	重点关注心理异常学生	* * *
	第12周	思想教育和价值引领	新生入学教育收尾工作	*
		事务管理	走访宿舍	* *
			社区文化节宣传、发动	* *

续表

	周数	类别	工作内容	重要性
11月	第12周	学风建设	关注学业困难新生	**
			学业生涯规划指导	**
		安全稳定	考勤查寝	***
		资助	国家助学金评定工作公示	*
		党团和班级建设	主题团日活动	**
		心理	上报学院心理健康月报	**
			重点关注心理异常学生	***
	第13周	思想教育和价值引领	新生入学教育收尾工作	*
		事务管理	走访宿舍	**
			社区文化节布置、安排	**
		学风建设	关注学业困难新生	**
			进课堂听课	**
		安全稳定	考勤查寝	***
		资助	国家助学金评定工作收尾	*
		党团和班级建设	主题班会:时间管理	**
		心理	重点关注心理异常学生	***
12月	第14周	思想教育和价值引领	法治教育(12月4日宪法日)	*
		事务管理	走访宿舍	**
			社区文化节	**
		学风建设	关注学业困难新生	**
			进课堂听课	*
		安全稳定	考勤查寝	***
		资助	助学贷款,学生服完兵役复学,建档立卡免学费发放	*

续表

	周数	类别	工作内容	重要性
12月	第14周	心理	开展心理团辅活动	*
			重点关注心理异常学生	* * *
	第15周	思想教育和价值引领	爱国主义教育("一二·九"运动)	* *
		事务管理	走访宿舍	* *
			社区文化节	* *
		学风建设	进课堂听课	* *
		安全稳定	考勤查寝	* * *
		资助	助学贷款,学生服完兵役复学,建档立卡免学费发放	*
		党团和班级建设	心理委员、宿舍长碰头会,深入了解学生情况	* * *
		心理	重点关注心理异常学生	* * *
	第16周	思想教育和价值引领	诚信教育(期末考试)	* *
		事务管理	走访宿舍	* *
			社区文化节	* *
		学风建设	学业困难学生帮扶特别是学业压力缓解	* *
		安全稳定	考勤查寝	* * *
		资助	助学金发放	*
		党团和班级建设	主题班会:诚信应考	* * *
		心理	上报学院心理健康月报	* *
			期末阶段班级心理状况排查	* * *
	第17周	思想教育和价值引领	安全教育	* *

续表

	周数	类别	工作内容	重要性
12月	第17周	事务管理	走访宿舍	**
			年终总结	***
			元旦留校学生统计、离校学生请假	***
		学风建设	督促学生学习，讲究考前复习方法	**
		安全稳定	考勤查寝	***
		资助	助学金发放	*
		党团和班级建设	寒假社会实践动员	**
			班级活动（冬至、元旦等节日）	***
		心理	期末阶段班级心理状况排查	***
1月	第18周	思想教育和价值引领	诚信教育	***
		事务管理	走访宿舍	**
			元旦返校情况统计	***
		学风建设	考前动员	**
		安全稳定	考勤查寝	***
		资助	拟定寒假“三访”工作方案	*
		党团和班级建设	主题团日活动	*
		心理	关注考试焦虑学生	***
	第19周	思想教育和价值引领	诚信教育	**
		事务管理	走访宿舍	**
		学风建设	考试督导	**
		安全稳定	考勤查寝	***
		资助	确定寒假“三访”方案	**
		党团和班级建设	学期班级建设情况总结	**
		心理	关注考试焦虑学生	***

续表

	周数	类别	工作内容	重要性
1月	第20周	思想教育和价值引领	安全教育	* * *
		事务管理	走访宿舍、寒假前宿舍大检查	* *
			寒假离校情况统计	* *
		学风建设	考前动员	* *
		安全稳定	安全大排查	* * *
		资助	准备寒假“三访”	*
		党团和班级建设	寒假前主题班会	* * *
		心理	关注特殊学生、家校联动	* * *
寒假	寒假	思想教育和价值引领	感恩教育、安全教育	* *
		事务管理	关注学生期末成绩	* *
			特殊群体学生家校联动	* * *
		学风建设	督促学业困难学生做好复习和补考准备	* *
		安全稳定	假期安全	*
		资助	寒假“三访”	* * *

二、大一第二学期工作(见表2)

表2　　大一第二学期工作

	周数	类别	工作内容	重要性
2月	开学前1周	事务管理	制定新学期工作计划	* * *
			提醒学生开学时间、做好开学准备	*
			补考学生提醒	* *
			学生返校情况统计	* * *

续表

	周数	类别	工作内容	重要性
3月	第1周	思想教育和价值引领	新学期思想动态调研	* *
		事务管理	未返校学生情况摸查	* * *
			办理休学复学等学籍异动学生的交接工作	*
			走访宿舍了解学生情况	*
		学风建设	学生成绩筛查、分类指导	* *
		安全稳定	考勤查寝	* * *
		资助	家庭经济困难学生的日常关怀	*
		党团和班级建设	主题班会:新学期·新征程	* *
			学生座谈,了解班级(班干部工作)情况	* *
		心理	关注特殊学生	* *
	第2周	思想教育和价值引领	“两会”精神学习主题教育活动	* *
		事务管理	走访宿舍	* *
			召开宿舍长会议,了解宿舍和学生情况	* * *
			补考学生强调考风考纪	* * *
		学风建设	进课堂听课	* *
		安全稳定	考勤查寝	* * *
		资助	家庭经济困难学生困难资格认定复查及信息核对	* *
		党团和班级建设	班团干部调整	* *
		心理	关注特殊学生	* * *
	第3周	思想教育和价值引领	“两会”精神学习主题教育活动	* *
			学生谈心谈话	* * *
		事务管理	走访宿舍	* *
			班会:学生素质综合测评详细解读	* * *
			召开班干部会议	* *

续表

	周数	类别	工作内容	重要性
3月	第3周	学风建设	关注学业困难学生	* *
		安全稳定	考勤查寝	* * *
		资助	家庭经济困难学生困难资格认定复查及信息核对	* *
		党团和班级建设	主题团日活动	*
			寒假社会实践总结评比	*
		心理	班级心理委员业务培训	* *
	第4周	思想教育和价值引领	谈心谈话(学业预警学生)	* *
		事务管理	学生晚归、缺勤情况排查	* *
			休学复学学生状态评估	* *
			学生素质综合测评	* * *
		学风建设	进课堂听课	* *
			与任课教师沟通交流	*
		安全稳定	考勤查寝	* * *
			清明节假期安全教育	* * *
		资助	家庭经济困难学生困难资格认定复查及信息核对	* *
		党团和班级建设	制定本学期班级建设计划	* *
		心理	上报学院心理健康月报	* *
			与存在心理问题的学生谈心	* * *
4月	第5周	思想教育和价值引领	中华优秀传统文化(清明节)	* *
		事务管理	清明节假期学生离校、返校情况统计	* * *
			走访宿舍了解学生情况	* *
			学生干部会议(培训)	* *

续表

	周数	类别	工作内容	重要性
4月	第5周	学风建设	进课堂听课	*
			关注学业困难新生	* *
		安全稳定	考勤查寝	* * *
		资助	关注家庭经济困难学生	* *
		党团和班级建设	入党申请书审查	*
			主题团日活动	*
		心理	与存在心理问题的学生谈心	* * *
	第6周	思想教育和价值引领	征兵入伍宣传	* *
		事务管理	走访宿舍了解学生情况	* *
		学风建设	进课堂听课，与任课教师沟通交流	* *
			关注学业困难学生	* *
		安全稳定	考勤查寝	* * *
		资助	春季助学金、临时困难补助的审核发放	* *
		党团和班级建设	入党申请书审查	*
		心理	心理健康教育知识宣传普及	* *
	第7周	思想教育和价值引领	征兵入伍宣传	* *
		事务管理	走访宿舍	* *
			召开宿舍长会议，了解学生情况	* *
		学风建设	进课堂听课，与任课教师沟通交流	*
			关注缺勤（逃课）学生	* * *
		安全稳定	考勤查寝	* * *
		资助	春季助学金、临时困难补助的审核发放	* *
		党团和班级建设	班级活动（团建）	* *

续表

	周数	类别	工作内容	重要性
4月	第7周	心理	关注心理异常学生，谈心谈话	* * *
	第8周	思想教育和价值引领	主题教育活动(世界地球日、世界读书日)	* *
		事务管理	走访宿舍	* *
			特殊(逃课、晚归、不归等)学生开展谈心谈话	* *
		学风建设	配合期中教学检查，做好学风督察工作	* *
		安全稳定	考勤查寝	* * *
		资助	关注家庭经济困难学生	* *
		党团和班级建设	班干部碰头会，了解并解决班级问题	* *
		心理	上报学院心理健康月报	* *
			关注心理异常学生，谈心谈话	* * *
5月	第9周	思想教育和价值引领	爱国主义教育	* * *
			劳动教育(五一)	* * *
		事务管理	五一假期留校、离校、返校学生情况统计	* * *
			走访宿舍了解学生情况	* *
			与特殊学生家长建立良性互动	* * *
		学风建设	配合期中教学检查，做好学风督察工作	*
			关注学业困难新生	* *
		安全稳定	考勤查寝	* * *
			五一假期安全教育	
		资助	生源地贷款预申请工作	*
		党团和班级建设	主题团日活动	*
		心理	大学生心理健康活动月系列活动准备	* * *

续表

	周数	类别	工作内容	重要性
5月	第10周	思想教育和价值引领	感恩教育(母亲节)	* *
		事务管理	走访宿舍	* *
			与特殊学生家长建立良性互动	* * *
		学风建设	关注学业困难新生	* *
			进课堂听课	* *
		安全稳定	考勤查寝	* * *
		资助	生源地贷款预申请工作	*
		党团和班级建设	主题班会:期中总结反思	* *
		心理	大学生心理健康活动月系列活动	* * *
	第11周	思想教育和价值引领	“四诚”教育主题活动	*
		事务管理	走访宿舍	* *
		学风建设	关注学业困难新生	* *
		安全稳定	考勤查寝	* * *
		资助	生源地贷款录入、上报工作	*
		党团和班级建设	主题团日活动	* *
		心理	大学生心理健康活动月系列活动	* * *
	第12周	思想教育和价值引领	“四诚”教育主题活动	*
		事务管理	走访宿舍	* *
			社区文化节布置、安排	* *
		学风建设	关注学业困难新生	* *
			进课堂听课	* *
		安全稳定	考勤查寝	* * *

续表

	周数	类别	工作内容	重要性
5月	第12周	资助	生源地贷款录入、上报工作收尾	*
		党团和班级建设	主题团日活动	* *
		心理	上报学院心理健康月报	* *
			大学生心理健康活动月系列活动	* * *
6月	第13周	思想教育和价值引领	期末学生思想动态调研	* *
		事务管理	走访宿舍	* *
		学风建设	关注学业困难新生	* *
			进课堂听课	*
		安全稳定	考勤查寝	* * *
		资助	暑期"校县结对"活动志愿者选拔	*
		心理	重点关注心理异常学生	* * *
	第14周	思想教育和价值引领	中华优秀传统文化(端午节)	* *
		事务管理	走访宿舍	* *
			端午节假期离校、留校、返校学生统计	* * *
		学风建设	进课堂听课	* *
		安全稳定	考勤查寝	* * *
		资助	暑期"校县结对"活动志愿者选拔	*
		党团和班级建设	心理委员、宿舍长碰头会,深入了解学生情况	* * *
		心理	班级心理委员培训	* *
			重点关注心理异常学生	* * *
	第15周	思想教育和价值引领	诚信教育(期末考试)	* *
		事务管理	走访宿舍	* *

续表

	周数	类别	工作内容	重要性
6月	第 15 周	学风建设	学业困难学生帮扶特别是学业压力缓解	* *
		安全稳定	考勤查寝	* * *
		资助	暑期“校县结对”活动志愿者培训	*
		党团和班级建设	主题班会:诚信应考	* * *
		心理	期末阶段班级心理状况排查	* * *
	第 16 周	思想教育和价值引领	党史、新中国史、改革开放史和社会主义发展史专题教育(“七一”建党节)	* *
		事务管理	走访宿舍	* *
			期末总结	* * *
		学风建设	督促学生学习,讲究考前复习方法	* *
		安全稳定	考勤查寝	* * *
		资助	暑期“校县结对”活动志愿者培训	*
		党团和班级建设	暑期社会实践动员	* *
		心理	上报学院心理健康月报	* *
			期末阶段班级心理状况排查	* * *
7月	第 17 周	思想教育和价值引领	党史、国史、改革开放史和社会主义发展史专题教育(“七一”建党节)	* * *
		事务管理	走访宿舍	* *
		学风建设	考前动员	* *
		安全稳定	考勤查寝	* * *
		资助	拟定暑假“三访”工作方案	*
		党团和班级建设	主题团日活动	*
		心理	关注考试焦虑学生	* * *

续表

	周数	类别	工作内容	重要性
7月	第18周	思想教育和价值引领	诚信教育	* *
		事务管理	走访宿舍	* *
		学风建设	考试督导	* *
		安全稳定	考勤查寝	* * *
		资助	确定暑假“三访”方案	* *
		党团和班级建设	学期班级建设情况总结	* *
		心理	关注考试焦虑学生	* * *
	第19周	思想教育和价值引领	安全教育	* * *
		事务管理	走访宿舍、暑假前宿舍大检查	* *
			暑假离校、留校学生情况统计	* *
		学风建设	考前动员	* *
		安全稳定	安全大排查	* * *
		资助	选派志愿者深入生源地开展“校县结对”活动	* *
		党团和班级建设	暑假前主题班会	* * *
		心理	关注特殊学生、家校联动	* * *
暑假	暑假	思想教育和价值引领	感恩教育、安全教育	* *
		事务管理	关注学生期末成绩	*
			特殊群体学生家校联动	* * *
		学风建设	督促学业困难学生做好复习和补考准备	* *
		安全稳定	假期安全	* *
		资助	暑假“三访”	* * *

三、大二第一学期工作(见表3)

表3　　　　大二第一学期工作

	周数	类别	工作内容	重要性
8月	开学前1周	事务管理	制定新学期工作计划	* * *
			提醒学生开学时间、做好开学准备	*
			补考、重修学生提醒	* *
			提醒学生准备好生源地助学贷款、家庭经济情况认定相关资料	* *
			学生返校情况统计	* * *
9月	第1周	思想教育和价值引领	新学期思想动态调研	* * *
		事务管理	未返校学生情况摸查	*
			办理休学、复学等学籍异动学生的交接工作	* *
			走访宿舍了解学生情况	*
		学风建设	学生成绩筛查、分类指导	* *
		安全稳定	考勤查寝	* * *
		资助	家庭经济困难学生的日常关怀	*
		党团和班级建设	组织辅导员班主任召开新学期班级工作部署会	* * *
			主题班会:新学期·新气象	*
		心理	及时发现有异常行为的学生进行关注	* *
	第2周	思想教育和价值引领	专业考证形势分析	* *
			中华优秀传统文化(中秋节)、感恩教育	* * *
		事务管理	走访宿舍	* *
			学生综合素质测评	* *
			召开宿舍长会议,了解宿舍和学生情况	* *
		学风建设	关注学业预警学生	* *
			补考学生强调考风考纪	*

续表

	周数	类别	工作内容	重要性
9月	第2周	安全稳定	考勤查寝	***
			特殊群体排查、研判、信息上报	***
		资助	宣讲国家、学校各项资助政策	**
			家庭经济困难学生认定前期准备工作	**
		党团和班级建设	学生座谈，了解班级情况	*
		心理	及时发现有异常行为的学生并进行关注	***
	第3周	思想教育和价值引领	专业前景分析	***
		事务管理	中秋假期离校情况统计	***
			学生综合素质测评	
			统计上学期违纪处分情况并进行汇总	**
			办理休学、复学、转学等学籍异动学生的交接工作	*
		学风建设	关注上课情况，严格考勤	**
		安全稳定	考勤查寝	***
			中秋假期安全教育	***
		资助	家庭经济困难学生认定工作	**
		党团和班级建设	主题团日活动	*
		心理	及时发现有异常行为的学生进行关注	**
	第4周	思想教育和价值引领	爱国主义教育主题活动（迎接国庆）	***
		事务管理	走访宿舍了解学生情况	*
			国庆长假离校人员请假、留校人员统计	***
			休学复学学生状态评估	***
			学生综合素质测评公示	**

续表

	周数	类别	工作内容	重要性
9月	第4周	学风建设	进课堂听课	* *
			与任课教师沟通交流	*
		安全稳定	考勤查寝	* * *
			放假前学生公寓安全排查	* *
			国庆长假安全教育	* * *
		资助	家庭经济困难学生认定情况公示	* *
		党团和班级建设	与班主任、班委进行工作沟通,制定本学期班级建设计划	* *
			国庆主题团日活动	* *
		心理	上报学院心理健康月报	* *
			重点关注心理异常学生	* * *
10月	第6周	思想教育和价值引领	了解学生思想动态	* * *
		事务管理	国庆长假学生返校情况统计	* * *
			走访宿舍了解学生情况	* *
			学生干部培训工作	* *
			优秀学生奖学金、三好学生、优秀学生干部、优秀学习标兵、先进班集体的评选推荐工作	* *
		学风建设	进课堂听课	*
			关注学业困难学生	* * *
		安全稳定	考勤查寝	* * *
		资助	关注家庭经济困难学生	* *
		党团和班级建设	入党申请书审查	*
			开展团组织推优,推荐入党积极分子人选	* * *
			主题团日活动	*
		心理	重点关注心理异常学生	* * *

续表

	周数	类别	工作内容	重要性
10 月	第 7 周	思想教育和价值引领	校史、校情教育(校庆日)	* *
		事务管理	走访宿舍了解学生情况	* *
			学生干部培训工作	* *
			主题班会	* *
		学风建设	进课堂听课,与任课教师沟通交流	* *
			关注学生学业	* * *
		安全稳定	考勤查寝	* * *
		资助	国家助学金评定工作	* *
			国家奖学金、省政府奖学金评选工作	* *
		党团和班级建设	入党申请书审查	* * *
		心理	心理委员培训	* *
			重点关注心理异常学生	* * *
	第 8 周	思想教育和价值引领	考证受挫学生的安抚和教育引导	* * *
		事务管理	走访宿舍	* *
			召开宿舍长会议,了解学生情况	* *
		学风建设	进课堂听课,与任课教师沟通交流	*
			关注缺勤(逃课)学生	* * *
		安全稳定	考勤查寝	* * *
		资助	国家奖学金、省政府奖学金,国家励志奖学金、省政府励志奖学金评选工作	* *
		党团和班级建设	主题班会	* *
		心理	上报学院心理健康月报	* *
			重点关注心理异常学生	* * *

续表

	周数	类别	工作内容	重要性
10月	第9周	思想教育和价值引领	开展社会热点专题教育	* *
		事务管理	走访宿舍	* *
			与班级班委进行交流	* * *
			特殊(逃课、晚归、不归等)学生开展谈心谈话	* *
		学风建设	严抓课堂考勤	* *
		安全稳定	考勤查寝	* * *
		资助	国家奖学金、省政府奖学金,国家励志奖学金、省政府励志奖学金评选工作	* *
		党团和班级建设	班干部碰头会,了解并解决班级问题	* *
		心理	重点关注心理异常学生,谈心谈话	* * *
11月	第10周	思想教育和价值引领	开展社会热点专题教育	* * *
		事务管理	走访宿舍了解学生情况	* *
			与特殊学生家长建立良性互动	* * *
		学风建设	配合期中教学检查,做好学风督察工作	*
			关注学业困难学生	* *
		安全稳定	考勤查寝	* * *
		资助	做好家庭经济困难学生感恩教育工作	*
		党团和班级建设	班级凝聚力活动	*
		心理	重点关注心理异常学生	* * *
	第11周	思想教育和价值引领	安全、普法教育	*
				* *
		事务管理	走访宿舍	* *
			与特殊学生家长建立良性互动	* * *

续表

	周数	类别	工作内容	重要性
11月	第11周	学风建设	关注学业困难学生	* *
			学业生涯规划指导	* *
		安全稳定	考勤查寝	* * *
			“11·9消防日”消防安全宣传	* *
			“双十一”网购安全提醒	* *
		资助	“四奖一助”评定工作	*
		党团和班级建设	主题班会:期中总结反思	* *
		心理	重点关注心理异常学生	* * *
	第12周	思想教育和价值引领	专业考证形势分析	*
		事务管理	走访宿舍	* *
			社区文化节宣传、发动	* *
		学风建设	关注学业困难学生	* *
			学业生涯规划指导	* *
		安全稳定	考勤查寝	* * *
		资助	“四奖一助”评定工作公示	*
		党团和班级建设	主题团日活动	* *
		心理	上报学院心理健康月报	* *
			关注异常学生心理动态	* * *
	第13周	思想教育和价值引领	未来就业形势分析	*
		事务管理	走访宿舍	* *
			社区文化节布置、安排	* *
		学风建设	进课堂听课	* *
			各类奖学金系列分享交流会	* *

续表

	周数	类别	工作内容	重要性
11月	第13周	安全稳定	考勤查寝	* * *
		资助	“四奖一助”评定工作收尾	*
		党团和班级建设	主题班会:时间管理	* *
		心理	班级心理委员培训	* *
12月	第14周	思想教育和价值引领	法治教育(12月4日宪法日)	*
		事务管理	走访宿舍	* *
			社区文化节	* *
		学风建设	关注学生学业困难	* *
			进课堂听课	*
		安全稳定	考勤查寝	* * *
		资助	助学贷款,学生服完兵役复学,建档立卡免学费发放	*
		心理	重点关注心理异常学生	* * *
	第15周	思想教育和价值引领	爱国主义教育(“一二·九”运动)	* *
		事务管理	走访宿舍	* *
			社区文化节	* *
		学风建设	进课堂听课	* *
		安全稳定	考勤查寝	* * *
		资助	助学贷款,学生服完兵役复学,建档立卡免学费发放	*
		党团和班级建设	心理委员、宿舍长碰头会,深入了解学生情况	* * *
		心理	重点关注心理异常学生	* * *
	第16周	思想教育和价值引领	诚信教育(期末考试)	* *

续表

	周数	类别	工作内容	重要性
12月	第 16 周	事务管理	走访宿舍	* *
			学费催缴	*
			社区文化节	* *
		学风建设	学业困难学生帮扶特别是学业压力缓解	* *
		安全稳定	考勤查寝	* * *
		资助	秋季助学金，四类奖学金发放	*
		党团和班级建设	主题班会：诚信应考	* * *
		心理	上报学院心理健康月报	* *
			期末阶段班级心理状况排查	* * *
	第 17 周	思想教育和价值引领	安全教育	* *
		事务管理	走访宿舍	* *
			年终总结	* * *
			元旦留校学生统计、离校学生请假	* * *
		学风建设	督促学生学习，讲究考前复习方法	* *
		安全稳定	考勤查寝	* * *
		资助	做好家庭经济困难学生感恩教育工作	*
		党团和班级建设	寒假社会实践动员	* *
			班级活动（冬至、元旦等节日）	* * *
		心理	期末阶段班级心理状况排查	* * *
1月	第 18 周	思想教育和价值引领	诚信教育	* * *
		事务管理	走访宿舍	* *
			元旦返校情况统计	* * *
		学风建设	考前动员	* *
		安全稳定	考勤查寝	* * *

续表

	周数	类别	工作内容	重要性
1月	第 18 周	资助	拟定寒假“三访”工作方案	*
		党团和班级建设	主题团日活动	*
		心理	关注考试焦虑学生	* * *
	第 19 周	思想教育和价值引领	诚信教育	* *
		事务管理	走访宿舍	* *
		学风建设	考试督导	* *
		安全稳定	考勤查寝	* * *
		资助	确定寒假“三访”方案	* *
		党团和班级建设	学期班级建设情况总结	* *
		心理	关注考试焦虑学生	* * *
	第 20 周	思想教育和价值引领	安全教育	* * *
		事务管理	走访宿舍、寒假前宿舍大检查	* *
			寒假离校情况统计	* *
		学风建设	考前动员	* *
		安全稳定	安全大排查	* * *
		资助	准备寒假“三访”	*
		党团和班级建设	寒假前主题班会	* * *
		心理	关注特殊学生、家校联动	* * *
寒假	寒假	思想教育和价值引领	感恩教育、安全教育	* *
		事务管理	关注学生期末成绩	* *
			特殊群体学生家校联动	* * *

续表

	周数	类别	工作内容	重要性
寒假	寒假	学风建设	督促学业困难学生做好复习和补考准备	* *
		安全稳定	假期安全	*
		资助	寒假“三访”	* * *

四、大二第二学期工作(见表 4)

表 4　大二第二学期工作

	周数	类别	工作内容	重要性
2月	开学前1周	事务管理	制定新学期工作计划	* * *
			提醒学生开学时间、做好开学准备	*
			补考、重修学生提醒	* *
			学生返校情况统计	* * *
3月	第 1 周	思想教育和价值引领	新学期思想动态调研	* *
		事务管理	未返校学生情况摸查	* * *
			办理休学、复学等学籍异动学生的交接工作	*
			走访宿舍了解学生情况	*
		学风建设	学生成绩筛查、分类指导	* *
		安全稳定	考勤查寝	* * *
		资助	家庭经济困难学生的日常关怀	*
		党团和班级建设	主题班会:新学期·新征程	* *
			学生座谈,了解班级(班干部工作)情况	* *
		心理	关注特殊学生	* *
	第 2 周	思想教育和价值引领	两会精神学习主题教育活动	* *
		事务管理	走访宿舍	* *
			召开宿舍长会议,了解宿舍和学生情况	* * *
			补考学生强调考风考纪	* * *

续表

	周数	类别	工作内容	重要性
3月	第2周	学风建设	进课堂听课	**
		安全稳定	考勤查寝	***
		资助	家庭经济困难学生困难资格认定复查及信息核对	**
		党团和班级建设	班团干部调整	**
		心理	关注特殊学生	***
	第3周	思想教育和价值引领	两会精神学习主题教育活动	**
			学生谈心谈话	***
		事务管理	走访宿舍	**
			班会:学生素质综合测评详细解读	***
			召开班干部会议	**
		学风建设	关注学业困难学生	**
		安全稳定	考勤查寝	***
		资助	家庭经济困难学生困难资格认定复查及信息核对	**
		党团和班级建设	主题团日活动	*
			寒假社会实践总结评比	*
		心理	班级心理委员业务培训	**
	第4周	思想教育和价值引领	谈心谈话(学业预警学生)	**
		事务管理	学生晚归、缺勤情况排查	**
			休学复学学生状态评估	**
			学生素质综合测评	***
		学风建设	进课堂听课	**
			与任课教师沟通交流	*
		安全稳定	考勤查寝	***
			清明节假期安全教育	***

续表

	周数	类别	工作内容	重要性
3月	第4周	资助	家庭经济困难学生困难资格认定复查及信息核对	* *
		党团和班级建设	与班主任、班委进行工作沟通，制定本学期班级建设计划	* *
		心理	心理问题学生约谈，上报学院心理健康月报	* * *
4月	第5周	思想教育和价值引领	中华优秀传统文化(清明节)	* *
		事务管理	清明节假期学生离校、返校情况统计	* * *
			走访宿舍了解学生情况	* *
			学生干部会议(培训)	* *
		学风建设	进课堂听课	*
			关注学业困难学生	* *
		安全稳定	考勤查寝	* * *
		资助	关注家庭经济困难学生	* *
		党团和班级建设	入党申请书审查	*
			主题团日活动	*
		心理	心理问题学生约谈	* * *
	第6周	思想教育和价值引领	征兵入伍宣传	* *
		事务管理	走访宿舍了解学生情况	* *
		学风建设	进课堂听课，与任课教师沟通交流	* *
			关注学业困难学生	* *
		安全稳定	考勤查寝	* * *
		资助	春季助学金、临时困难补助的审核发放	* *
		党团和班级建设	入党申请书审查	*
		心理	心理健康教育知识宣传普及	* *

续表

	周数	类别	工作内容	重要性
4月	第7周	思想教育和价值引领	征兵入伍宣传	* *
		事务管理	走访宿舍	* *
			召开宿舍长会议，了解学生情况	* *
		学风建设	进课堂听课，与任课教师沟通交流	*
			关注缺勤(逃课)学生	* * *
		安全稳定	考勤查寝	* * *
		资助	春季助学金、临时困难补助的审核发放	* *
		党团和班级建设	班级活动(团建)	* *
			开展团组织推优，推荐入党积极分子人选	* * *
		心理	关注心理异常学生，谈心谈话	* * *
	第8周	思想教育和价值引领	主题教育活动(世界地球日、世界读书日)	* *
		事务管理	走访宿舍	* *
			特殊(逃课、晚归、不归等)学生开展谈心谈话	* *
		学风建设	配合期中教学检查，做好学风督察工作	* *
		安全稳定	考勤查寝	* * *
		资助	关注家庭经济困难学生	* *
		党团和班级建设	班干部碰头会，了解并解决班级问题	* *
		心理	上报学院心理健康月报	* *
			重点关注心理异常学生	* * *
5月	第9周	思想教育和价值引领	爱国主义教育	* * *
			劳动教育(“五一”)	* * *
		事务管理	“五一”假期留校、离校、返校学生情况统计	* * *
			走访宿舍了解学生情况	* *
			与特殊学生家长建立良性互动	* * *

续表

	周数	类别	工作内容	重要性
5月	第9周	学风建设	配合期中教学检查,做好学风督察工作	*
			关注学业困难学生	* *
		安全稳定	考勤查寝	* * *
			“五一”假期安全教育	
		资助	生源地贷款预申请工作	*
		党团和班级建设	主题团日活动	*
		心理	大学生心理健康活动月系列活动准备	* * *
	第10周	思想教育和价值引领	感恩教育(母亲节)	* *
		事务管理	走访宿舍	* *
			与特殊学生家长建立良性互动	* * *
		学风建设	关注学业困难学生	* *
			进课堂听课	* *
		安全稳定	考勤查寝	* * *
		资助	生源地贷款预申请工作	*
		党团和班级建设	主题班会:期中总结反思	* *
		心理	大学生心理健康活动月系列活动	* * *
	第11周	思想教育和价值引领	“四诚”教育主题活动	*
		事务管理	走访宿舍	* *
		学风建设	关注学业困难学生	* *
		安全稳定	考勤查寝	* * *
		资助	生源地贷款录入、上报工作	*
		党团和班级建设	主题团日活动	* *
		心理	大学生心理健康活动月系列活动	* * *

续表

	周数	类别	工作内容	重要性
5月	第12周	思想教育和价值引领	“四诚”教育主题活动	*
		事务管理	走访宿舍	**
			社区文化节布置、安排	**
		学风建设	关注学业困难学生	**
			进课堂听课	**
		安全稳定	考勤查寝	***
		资助	生源地贷款录入、上报工作收尾	*
		党团和班级建设	主题团日活动	**
		心理	上报学院心理健康月报	**
			大学生心理健康活动月系列活动	***
6月	第13周	思想教育和价值引领	期末学生思想动态调研	**
		事务管理	走访宿舍	**
		学风建设	关注学业困难学生	**
			进课堂听课	*
		安全稳定	考勤查寝	***
		资助	暑期“校县结对”活动志愿者选拔	*
		心理	重点关注心理异常学生	***
	第14周	思想教育和价值引领	中华优秀传统文化(端午节)	**
		事务管理	走访宿舍	**
			端午节假期离校、留校、返校学生统计	***
		学风建设	进课堂听课	**
		安全稳定	考勤查寝	***
		资助	暑期“校县结对”活动志愿者选拔	*

续表

	周数	类别	工作内容	重要性
6月	第14周	党团和班级建设	心理委员、宿舍长碰头会，深入了解学生情况	* * *
		心理	开展心理团辅活动	*
			重点关注心理异常学生	* * *
	第15周	思想教育和价值引领	诚信教育(英语四六级考试、期末考试)	* *
		事务管理	走访宿舍	* *
		学风建设	学业困难学生帮扶特别是学业压力缓解	* *
		安全稳定	考勤查寝	* * *
		资助	暑期"校县结对"活动志愿者培训	*
		党团和班级建设	主题班会:诚信应考	* * *
		心理	期末阶段班级心理状况排查	* * *
	第16周	思想教育和价值引领	结合时政开展	* *
		事务管理	走访宿舍	* *
			期末总结	* * *
		学风建设	督促学生学习，讲究考前复习方法	* *
		安全稳定	考勤查寝	* * *
		资助	暑期"校县结对"活动志愿者培训	*
		党团和班级建设	暑期社会实践动员	* *
		心理	上报学院心理健康月报	* *
			期末阶段班级心理状况排查	* * *
7月	第17周	思想教育和价值引领	结合"七一"建党节开展党史学习专题教育	*
		事务管理	走访宿舍	* *

续表

	周数	类别	工作内容	重要性
7月	第17周	学风建设	考前动员	* *
		安全稳定	考勤查寝	* * *
		资助	拟定暑假"三访"工作方案	* *
		党团和班级建设	主题团日活动	*
		心理	关注考试焦虑学生	* * *
	第18周	思想教育和价值引领	诚信教育	* *
		事务管理	走访宿舍	* *
		学风建设	考试督导	* *
		安全稳定	考勤查寝	* * *
		资助	确定暑假"三访"方案	* *
		党团和班级建设	学期班级建设情况总结	* *
		心理	关注考试焦虑学生	* * *
	第19周	思想教育和价值引领	安全教育	* * *
		事务管理	走访宿舍、暑假前宿舍大检查	* *
			暑假离校、留校学生情况统计	* *
		学风建设	考前动员	* *
		安全稳定	安全大排查	* * *
		资助	选派志愿者深入生源地开展"校县结对"活动	* *
		党团和班级建设	暑假前主题班会	* * *
		心理	关注特殊学生、家校联动	* * *
暑假	暑假	思想教育和价值引领	感恩教育、安全教育	* *

续表

	周数	类别	工作内容	重要性
暑假	暑假	事务管理	关注学生期末成绩	*
			特殊群体学生家校联动	* * *
		学风建设	督促学业困难学生做好复习和补考准备	* *
		安全稳定	假期安全	* *
		资助	暑假“三访”	* * *

五、大三第一学期工作(见表 5)

表 5　大三第一学期工作

	周数	类别	工作内容	重要性
8 月	开学前 1 周	事务管理	制定新学期工作计划	* * *
			提醒学生开学时间、做好开学准备	*
			补考、重修学生提醒	* *
			提醒学生准备好生源地助学贷款、家庭经济情况认定相关资料	* *
			学生返校情况统计	* * *
9 月	第 1 周	思想教育和价值引领	新学期思想动态调研	* * *
		事务管理	未返校学生情况摸查	*
			办理休学、复学等学籍异动学生的交接工作	* *
			走访宿舍了解学生情况	*
		学风建设	学生成绩筛查、分类指导	* *
		安全稳定	考勤查寝	* * *
		资助	家庭经济困难学生的日常关怀	*
		党团和班级建设	组织辅导员班主任召开新学期班级工作部署会	* * *
			主题班会:新学期·新气象	*
		心理	及时发现有异常行为的学生进行关注	* *

续表

	周数	类别	工作内容	重要性
9月	第2周	思想教育和价值引领	专业考证形势分析	* *
			中华优秀传统文化(中秋节)、感恩教育	* * *
		事务管理	走访宿舍	* *
			学生综合素质测评	* *
			召开宿舍长会议,了解宿舍和学生情况	* *
		学风建设	关注学业预警学生	* *
			补考学生强调考风考纪	*
		安全稳定	考勤查寝	* * *
			特殊群体排查、研判、信息上报	* * *
		资助	家庭经济困难学生认定前期准备工作	* *
		党团和班级建设	主题班会:学习及考研规划交流	*
		心理	及时发现有异常行为的学生进行关注	* * *
	第3周	思想教育和价值引领	谈心谈话	* * *
		事务管理	中秋假期离校情况统计	* * *
			学生综合素质测评	
			统计上学期违纪处分情况并进行汇总	* *
			办理休学、复学、转学等学籍异动学生的交接工作	*
		学风建设	关注上课情况,严格考勤	* *
		安全稳定	考勤查寝	* * *
			中秋假期安全教育	* * *
		资助	家庭经济困难学生认定工作	* *
		党团和班级建设	主题团日活动	*
		心理	及时发现有异常行为的学生进行关注	* *

续表

	周数	类别	工作内容	重要性
9月	第4周	思想教育和价值引领	爱国主义教育主题活动(迎接国庆)	* * *
		事务管理	走访宿舍了解学生情况	*
			国庆长假离校人员请假、留校人员统计	* * *
			休学复学学生状态评估	* * *
			学生综合素质测评公示	* *
		学风建设	进课堂听课	* *
			与任课教师沟通交流	*
		安全稳定	考勤查寝	* * *
			放假前学生公寓安全排查	* *
			国庆长假安全教育	* * *
		资助	家庭经济困难学生认定情况公示	* *
		党团和班级建设	与班主任、班委进行工作沟通,制定本学期班级建设计划	* *
			国庆主题团日活动	* *
		心理	上报学院心理健康月报	* *
			重点关注心理异常学生	* * *
10月	第6周	思想教育和价值引领	了解学生思想动态	* * *
		事务管理	国庆长假学生返校情况统计	* * *
			走访宿舍了解学生情况	* *
			学生干部培训工作	* *
			优秀学生奖学金、三好学生、优秀学生干部、优秀学习标兵、先进班集体的评选推荐工作	* *
		学风建设	进课堂听课	*
			关注学业困难学生	* * *
		安全稳定	考勤查寝	* * *

续表

	周数	类别	工作内容	重要性
	第6周	资助	关注家庭经济困难学生	* *
		党团和班级建设	入党申请书审查	*
			开展团组织推优，推荐入党积极分子人选	* * *
			确定发展对象候选人	* * *
		心理	重点关注心理异常学生	* * *
10月	第7周	思想教育和价值引领	校史、校情教育(校庆日)	* *
		事务管理	走访宿舍了解学生情况	* *
			学生干部培训工作	* *
			主题班会	* *
		学风建设	进课堂听课，与任课教师沟通交流	* *
			关注学生学业	* * *
		安全稳定	考勤查寝	* * *
		资助	国家奖学金、省政府奖学金，国家励志奖学金、省政府励志奖学金评选工作	* *
		党团和班级建设	主题团日活动	*
		心理	班级心理委员培训	* *
			重点关注心理异常学生	* * *
	第8周	思想教育和价值引领	考证受挫学生的安抚和教育引导	* * *
		事务管理	走访宿舍	* *
			召开宿舍长会议，了解学生情况	* *
		学风建设	进课堂听课，与任课教师沟通交流	*
			关注缺勤(逃课)学生	* * *
		安全稳定	考勤查寝	* * *

续表

	周数	类别	工作内容	重要性
10月	第8周	资助	国家奖学金、省政府奖学金，国家励志奖学金、省政府励志奖学金评选工作	* *
		党团和班级建设	主题班会	* *
		心理	上报学院心理健康月报	* *
			重点关注心理异常学生	* * *
	第9周	思想教育和价值引领	开展社会热点专题教育	* *
		事务管理	走访宿舍	* *
			与班级班委进行交流	* * *
			特殊（逃课、晚归不归等）学生开展谈心谈话	* *
		学风建设	严抓课堂考勤	* *
		安全稳定	考勤查寝	* * *
		资助	国家奖学金、省政府奖学金，国家励志奖学金、省政府励志奖学金评选工作	* *
		党团和班级建设	班干部碰头会，了解并解决班级问题	* *
		心理	重点关注心理异常学生，谈心谈话	* * *
11月	第10周	思想教育和价值引领	开展社会热点专题教育	* * *
		事务管理	走访宿舍了解学生情况	* *
			与特殊学生家长建立良性互动	* * *
		学风建设	配合期中教学检查，做好学风督察工作	*
			关注学业困难学生	* *
		安全稳定	考勤查寝	* * *
		资助	做好家庭经济困难学生感恩教育工作	*
		党团和班级建设	班级凝聚力活动	*

续表

	周数	类别	工作内容	重要性
	第10周	心理	开展心理团辅活动	*
			重点关注心理异常学生	* * *
	第11周	思想教育和价值引领	安全、普法教育	*
				* *
		事务管理	走访宿舍	* *
			与特殊学生家长建立良性互动	* * *
		学风建设	关注学业困难学生	* *
			学业生涯规划指导	* *
		安全稳定	考勤查寝	* * *
			“11·9消防日”消防安全宣传	* *
			“双十一”网购安全提醒	* *
		资助	“四奖一助”评定工作	*
11月		党团和班级建设	主题班会:期中总结反思	* *
		心理	重点关注心理异常学生	* * *
	第12周	思想教育和价值引领	专业考证形势分析	*
		事务管理	走访宿舍	* *
			社区文化节宣传、发动	* *
		学风建设	关注学业困难学生	* *
			学业生涯规划指导	* *
		安全稳定	考勤查寝	* * *
		资助	“四奖一助”评定工作公示	*
		党团和班级建设	主题团日活动	* *
			发展党员	* * *
		心理	上报学院心理健康月报	* *
			关注异常学生心理动态	* * *

续表

	周数	类别	工作内容	重要性
11月	第13周	思想教育和价值引领	未来就业形势分析	*
		事务管理	走访宿舍	* *
			社区文化节布置、安排	* *
		学风建设	进课堂听课	* *
			各类奖学金系列分享交流会	* *
		安全稳定	考勤查寝	* * *
		资助	“四奖一助”评定工作收尾	*
		党团和班级建设	主题班会:时间管理	* *
		心理	重点关注心理异常学生	* * *
12月	第14周	思想教育和价值引领	法治教育(12月4日宪法日)	*
		事务管理	走访宿舍	* *
			社区文化节	* *
		学风建设	关注学生学业困难	* *
			进课堂听课	*
		安全稳定	考勤查寝	* * *
		资助	助学贷款,学生服完兵役复学,建档立卡免学费发放	*
		心理	重点关注心理异常学生	* * *
	第15周	思想教育和价值引领	爱国主义教育(“一二·九”运动)	* *
		事务管理	走访宿舍	* *
			社区文化节	* *
		学风建设	进课堂听课	* *
		安全稳定	考勤查寝	* * *
		资助	助学贷款,学生服完兵役复学,建档立卡免学费发放	*

续表

	周数	类别	工作内容	重要性
12月	第15周	党团和班级建设	心理委员、宿舍长碰头会，深入了解学生情况	* * *
		心理	重点关注心理异常学生	* * *
	第16周	思想教育和价值引领	诚信教育(期末考试)	* *
		事务管理	走访宿舍	* *
			学费催缴	*
			社区文化节	* *
		学风建设	学业困难学生帮扶特别是学业压力缓解	* *
		安全稳定	考勤查寝	* * *
		资助	秋季助学金、四类奖学金发放	*
		党团和班级建设	主题班会：诚信应考	* * *
		心理	上报学院心理健康月报	* *
			期末阶段班级心理状况排查	* * *
	第17周	思想教育和价值引领	安全教育	* *
		事务管理	走访宿舍	* *
			年终总结	* * *
			元旦留校学生统计、离校学生请假	* * *
		学风建设	督促学生学习，讲究考前复习方法	* *
		安全稳定	考勤查寝	* * *
		资助	做好家庭经济困难学生感恩教育工作	*
		党团和班级建设	寒假社会实践动员	* *
			班级活动(冬至、元旦等节日)	* * *
		心理	期末阶段班级心理状况排查	* * *
1月	第18周	思想教育和价值引领	诚信教育	* * *

续表

	周数	类别	工作内容	重要性
1月	第18周	事务管理	走访宿舍	* *
			元旦返校情况统计	* * *
		学风建设	考前动员	* *
		安全稳定	考勤查寝	* * *
		资助	拟定寒假“三访”工作方案	*
		党团和班级建设	主题团日活动	*
		心理	关注考试焦虑学生	* * *
	第19周	思想教育和价值引领	诚信教育	* *
		事务管理	走访宿舍	* *
		学风建设	考试督导	* *
		安全稳定	考勤查寝	* * *
		资助	确定寒假“三访”方案	* *
		党团和班级建设	学期班级建设情况总结	* *
		心理	关注考试焦虑学生	* * *
	第20周	思想教育和价值引领	安全教育	* * *
		事务管理	走访宿舍、寒假前宿舍大检查	* *
			寒假离校情况统计	* *
		学风建设	考前动员	* *
		安全稳定	安全大排查	* * *
		资助	准备寒假“三访”	*
		党团和班级建设	寒假前主题班会	* * *
		心理	关注特殊学生、家校联动	* * *

续表

	周数	类别	工作内容	重要性
寒假	寒假	思想教育和价值引领	感恩教育、安全教育	＊＊
		事务管理	关注学生期末成绩	＊＊
			特殊群体学生家校联动	＊＊＊
		学风建设	督促学业困难学生做好复习和补考准备	＊＊
		安全稳定	假期安全	＊
		资助	寒假"三访"	＊＊＊

六、大三第二学期工作(见表 6)

表 6　　大三第二学期工作

	周数	类别	工作内容	重要性
2 月	开学前 1 周	事务管理	制定新学期工作计划	＊＊＊
			提醒学生开学时间、做好开学准备	＊
			补考学生提醒	＊＊
			学生返校情况统计	＊＊＊
3 月	第 1 周	思想教育和价值引领	新学期思想动态调研	＊＊
		事务管理	未返校学生情况摸查	＊＊＊
			办理休学、复学等学籍异动学生的交接工作	＊
			走访宿舍了解学生情况	＊
		学风建设	学生成绩筛查、分类指导	＊＊
		安全稳定	考勤查寝	＊＊＊
		资助	家庭经济困难学生的日常关怀	＊
		党团和班级建设	主题班会:新学期·新征程	＊＊
			学生座谈,了解班级(班干部工作)情况	＊＊
		心理	关注特殊学生	＊＊

续表

	周数	类别	工作内容	重要性
3月	第2周	思想教育和价值引领	两会精神学习主题教育活动	* *
		事务管理	走访宿舍	* *
			召开宿舍长会议,了解宿舍和学生情况	* * *
			就业方向调研(考研/考公/就业)	* * *
			补考学生强调考风考纪	* * *
		学风建设	进课堂听课	* *
			考研经验系列分享交流会	* *
		安全稳定	考勤查寝	* * *
		资助	家庭经济困难学生困难资格认定复查及信息核对	* *
		党团和班级建设	班团干部调整	* *
		心理	关注特殊学生	* * *
	第3周	思想教育和价值引领	“两会”精神学习主题教育活动	* *
			学生谈心谈话	* * *
		事务管理	走访宿舍	* *
			班会:学生素质综合测评详细解读	* * *
			召开班干部会议	* *
		学风建设	关注学业困难学生	* *
		安全稳定	考勤查寝	* * *
		资助	家庭经济困难学生困难资格认定复查及信息核对	* *
		党团和班级建设	主题团日活动	*
			寒假社会实践总结评比	*
		心理	班级心理委员业务培训	* *
	第4周	思想教育和价值引领	谈心谈话(学业预警学生)	* *

续表

	周数	类别	工作内容	重要性
3月	第4周	事务管理	学生晚归、缺勤情况排查	* *
			休学复学学生状态评估	* *
			学生素质综合测评	* * *
		学风建设	进课堂听课	* *
			与任课教师沟通交流	*
		安全稳定	考勤查寝	* * *
			清明节假期安全教育	* * *
		资助	家庭经济困难学生困难资格认定复查及信息核对	* *
		党团和班级建设	与班主任、班委进行工作沟通，制定本学期班级建设计划	* *
			考研学生指导	* * *
		心理	上报学院心理健康月报	* *
			与存在心理问题的学生谈心	* * *
4月	第5周	思想教育和价值引领	中华优秀传统文化（清明节）	* *
		事务管理	清明节假期学生离校、返校情况统计	* * *
			走访宿舍了解学生情况	* *
			学生干部会议（培训）	* *
		学风建设	进课堂听课	*
			关注学业困难学生	* *
		安全稳定	考勤查寝	* * *
		资助	关注家庭经济困难学生	* *
		党团和班级建设	入党申请书审查	*
			主题团日活动	*
		心理	心理问题学生约谈	* * *
	第6周	思想教育和价值引领	征兵入伍宣传	* *

续表

	周数	类别	工作内容	重要性
4月	第6周	事务管理	走访宿舍了解学生情况	* *
		学风建设	进课堂听课，与任课教师沟通交流	* *
			关注学业困难学生	* *
		安全稳定	考勤查寝	* * *
		资助	春季助学金、临时困难补助的审核发放	* *
		党团和班级建设	入党申请书审查	*
			开展团组织推优，推荐入党积极分子人选	* * *
		心理	心理健康教育知识宣传普及	* *
	第7周	思想教育和价值引领	征兵入伍宣传	* *
		事务管理	走访宿舍	* *
			召开宿舍长会议，了解学生情况	* *
		学风建设	进课堂听课，与任课教师沟通交流	*
			关注缺勤（逃课）学生	* * *
		安全稳定	考勤查寝	* * *
		资助	春季助学金、临时困难补助的审核发放	* *
		党团和班级建设	班级活动（团建）	* *
		心理	关注心理异常学生，谈心谈话	* * *
	第8周	思想教育和价值引领	主题教育活动（世界地球日、世界读书日）	* *
		事务管理	走访宿舍	* *
			特殊（逃课、晚归、不归等）学生开展谈心谈话	* *
		学风建设	配合期中教学检查，做好学风督察工作	* *
		安全稳定	考勤查寝	* * *
		资助	关注家庭经济困难学生	* *

续表

	周数	类别	工作内容	重要性
4月	第8周	党团和班级建设	班干部碰头会，了解并解决班级问题	**
		心理	上报学院心理健康月报	
			关注心理异常学生	***
5月	第9周	思想教育和价值引领	爱国主义教育	***
			劳动教育（"五一"）	***
		事务管理	"五一"假期留校、离校、返校学生情况统计	***
			走访宿舍了解学生情况	**
			与特殊学生家长建立良性互动	***
		学风建设	配合期中教学检查，做好学风督察工作	*
			关注学业困难学生	**
		安全稳定	考勤查寝	***
			"五一"假期安全教育	
		资助	生源地贷款预申请工作	*
		党团和班级建设	主题团日活动	*
		心理	大学生心理健康活动月系列活动准备	***
	第10周	思想教育和价值引领	感恩教育（母亲节）	**
		事务管理	走访宿舍	**
			与特殊学生家长建立良性互动	***
		学风建设	关注学业困难学生	**
			进课堂听课	**
		安全稳定	考勤查寝	***
		资助	生源地贷款预申请工作	*
		党团和班级建设	主题班会：期中总结反思	**
			确定发展对象候选人	***
		心理	大学生心理健康活动月系列活动	***

续表

	周数	类别	工作内容	重要性
5月	第11周	思想教育和价值引领	“四诚”教育主题活动	*
		事务管理	走访宿舍	**
		学风建设	关注学业困难学生	**
		安全稳定	考勤查寝	***
		资助	生源地贷款录入、上报工作	*
		党团和班级建设	主题团日活动	**
		心理	大学生心理健康活动月系列活动	***
	第12周	思想教育和价值引领	掌握国家研究生信息动态	*
		事务管理	走访宿舍	**
			社区文化节布置、安排	**
		学风建设	关注学业困难学生	**
			进课堂听课	**
		安全稳定	考勤查寝	***
		资助	生源地贷款录入、上报工作收尾	*
		党团和班级建设	主题团日活动	**
		心理	上报学院心理健康月报	**
			大学生心理健康活动月系列活动	***
6月	第13周	思想教育和价值引领	期末学生思想动态调研	**
		事务管理	走访宿舍	**
		学风建设	关注学业困难学生	**
			进课堂听课	*
		安全稳定	考勤查寝	***

续表

	周数	类别	工作内容	重要性
	第 13 周	资助	暑期“校县结对”活动志愿者选拔	*
		心理	重点关注心理异常学生	* * *
	第 14 周	思想教育和价值引领	中华优秀传统文化(端午节)	* *
		事务管理	走访宿舍	* *
			端午节假期离校、留校、返校学生统计	* * *
		学风建设	进课堂听课	* *
		安全稳定	考勤查寝	* * *
		资助	暑期“校县结对”活动志愿者选拔	*
		党团和班级建设	心理委员、宿舍长碰头会,深入了解学生情况	* * *
			发展党员	* * *
		心理	开展心理团辅活动	*
			重点关注心理异常学生	* * *
6 月	第 15 周	思想教育和价值引领	诚信教育(期末考试)	* *
		事务管理	走访宿舍	* *
		学风建设	学业困难学生帮扶特别是学业压力缓解	* *
		安全稳定	考勤查寝	* * *
		资助	暑期“校县结对”活动志愿者培训	*
		党团和班级建设	主题班会:诚信应考	* * *
		心理	期末阶段班级心理状况排查	* * *
	第 16 周	思想教育和价值引领	结合时政开展研讨	* *
		事务管理	走访宿舍	* *
			期末总结	* * *
		学风建设	督促学生学习,讲究考前复习方法	* *

续表

	周数	类别	工作内容	重要性
6月	第16周	安全稳定	考勤查寝	* * *
		资助	暑期“校县结对”活动志愿者培训	*
		党团和班级建设	暑期社会实践动员	* *
		心理	上报学院心理健康月报	* *
			期末阶段班级心理状况排查	* * *
7月	第17周	思想教育和价值引领	结合时政开展	* *
		事务管理	走访宿舍	* *
		学风建设	考前动员	* *
		安全稳定	考勤查寝	* * *
		资助	拟定暑假“三访”工作方案	*
		党团和班级建设	主题团日活动	*
		心理	关注考试焦虑学生	* * *
	第18周	思想教育和价值引领	诚信教育	* *
		事务管理	走访宿舍	* *
		学风建设	考试督导	* *
		安全稳定	考勤查寝	* * *
		资助	确定暑假“三访”工作方案	* *
		党团和班级建设	学期班级建设情况总结	* *
		心理	关注考试焦虑学生	* * *
	第19周	思想教育和价值引领	安全教育	* * *

续表

	周数	类别	工作内容	重要性
7月	第19周	事务管理	走访宿舍、暑假前宿舍大检查	* *
			大三考研暑期留校相关工作	* *
			暑假离校、留校学生情况统计	* *
		学风建设	考前动员	* *
		安全稳定	安全大排查	* * *
		资助	选派志愿者深入生源地开展"校县结对"活动	* *
		党团和班级建设	暑假前主题班会	* * *
		心理	关注特殊学生、家校联动	* * *
暑假	暑假	思想教育和价值引领	感恩教育、安全教育	* *
		事务管理	关注学生期末成绩	*
			特殊群体学生家校联动	* * *
		学风建设	督促学业困难学生做好复习和补考准备	* *
		安全稳定	假期安全	* *
		资助	暑假"三访"	* * *

七、大四第一学期工作(见表7)

表7　　**大四第一学期工作**

	周数	类别	工作内容	重要性
8月	开学前1周	事务管理	制定新学期工作计划	* * *
			提醒学生开学时间、做好开学准备	*
			补考、重修学生提醒	* *
			学生返校情况统计	* * *
9月	第1周	思想教育和价值引领	新学期思想动态调研	* * *

续表

	周数	类别	工作内容	重要性
9月	第1周	事务管理	未返校学生情况摸查	*
			办理休学、复学等学籍异动学生的交接工作	* *
			走访宿舍了解学生情况	*
		安全稳定	学生成绩筛查、分类指导	* *
			考勤查寝	* * *
		资助	家庭经济困难学生的日常关怀	*
		党团和班级建设	主题班会:新学期·新征程	*
			学生座谈,了解班级情况	* * *
		心理	及时发现有异常行为的学生进行重点关注	* *
	第2周	思想教育和价值引领	中华优秀传统文化(中秋节)、感恩教育	* *
		事务管理	走访宿舍	* *
			召开宿舍长会议,了解宿舍和学生情况	* *
			补考学生强调考风考纪	*
		学风建设	组织毕业设计指导教师加强对学生的监督和指导	* *
		安全稳定	考勤查寝	* * *
			特殊群体排查、研判、信息上报	* * *
		资助	家庭经济困难学生困难资格认定复查及信息核对	* *
		党团和班级建设	召开班会,增进班级同学了解	*
		心理	及时发现有异常行为的学生进行关注	* * *
	第3周	思想教育和价值引领	毕业就业政策宣讲	* * *
		事务管理	中秋假期离校情况统计	* * *
			办理休学、复学等学籍异动学生的交接工作	*
		学风建设	关注上课情况,严格考勤	* *

续表

	周数	类别	工作内容	重要性
9月	第3周	安全稳定	考勤查寝	* * *
			中秋假期安全教育	* * *
		资助	家庭经济困难学生困难资格认定复查及信息核对	* *
		党团和班级建设	主题团日活动	*
		心理	及时发现有异常行为的学生进行关注	* *
	第4周	思想教育和价值引领	爱国主义教育主题活动(迎接国庆)	* * *
		事务管理	走访宿舍了解学生情况	*
			国庆长假离校人员请假、留校人员统计	* * *
			休学、复学学生状态评估	* * *
			学生素质综合测评	* *
		学风建设	进课堂听课	* *
			与任课教师沟通交流	*
		安全稳定	考勤查寝	* * *
			放假前学生公寓安全排查	* *
			国庆长假安全教育	* * *
		资助	家庭经济困难学生认定情况公示	* *
		党团和班级建设	与班主任、班委进行工作沟通,制定本学期班级建设计划	* *
			国庆主题团日活动	* *
		心理	上报学院心理健康月报	* *
			及时发现有异常行为的学生进行关注	* * *
10月	第6周	思想教育和价值引领	了解学生思想动态	* * *

续表

	周数	类别	工作内容	重要性
10月	第6周	事务管理	国庆长假学生返校情况统计	***
			走访宿舍了解学生情况	**
			优秀学生奖学金、三好学生、优秀学生干部、优秀学习标兵、先进班集体等的评选推荐工作	**
		学风建设	进课堂听课	*
			关注学业困难(学习不适应)	***
		安全稳定	考勤查寝	***
		资助	关注家庭经济困难学生	**
		党团和班级建设	开展团组织推优,推荐入党积极分子人选	*
			确定发展对象候选人	*
		心理	了解毕业生学业情绪	**
			及时发现有异常行为的学生进行关注	***
	第7周	思想教育和价值引领	校史、校情教育(校庆日)	**
		事务管理	走访宿舍了解学生情况	**
			指导学生参加校园专场招聘	**
		学风建设	进课堂听课,与任课教师沟通交流	**
			关注学生学业	***
		安全稳定	考勤查寝	***
		资助	国家奖学金、省政府奖学金,国家励志奖学金、省政府励志奖学金评选工作	**
		党团和班级建设	主题班会	***
		心理	班级心理委员培训	**
			重点关注心理异常学生	***
	第8周	思想教育和价值引领	就业形势分析、指导	***

续表

月份	周数	类别	工作内容	重要性
10月	第8周	事务管理	走访宿舍	* *
			召开宿舍长会议，了解学生情况	* *
		学风建设	进课堂听课，与任课教师沟通交流	*
			关注缺勤(逃课)学生	* * *
		安全稳定	考勤查寝	* * *
		资助	国家奖学金、省政府奖学金，国家励志奖学金、省政府励志奖学金评选工作	* *
		党团和班级建设	统计学生就业规划、分类指导	* *
		心理	上报学院心理健康月报	* *
			重点关注心理异常学生	* * *
	第9周	思想教育和价值引领	开展社会热点专题教育	* *
		事务管理	走访宿舍	* *
			与班级班委进行交流	* * *
			特殊(逃课、晚归、不归等)学生开展谈心谈话	* *
		学风建设	严抓课堂考勤	* *
		安全稳定	考勤查寝	* * *
		资助	国家奖学金、省政府奖学金，国家励志奖学金、省政府励志奖学金评选工作	* *
		党团和班级建设	班干部碰头会，了解并解决班级问题	* *
		心理	重点关注心理异常学生	* * *
11月	第10周	思想教育和价值引领	开展社会热点专题教育	* * *
		事务管理	走访宿舍了解学生情况	* *
			与特殊学生家长建立良性互动	* * *

续表

	周数	类别	工作内容	重要性
	第 10 周	学风建设	配合期中教学检查，做好学风督察工作	*
			关注学业困难学生	* *
		安全稳定	考勤查寝	* * *
		资助	做好家庭经济困难学生感恩教育工作	* *
		党团和班级建设	主题班会：选调生、公务员考试政策	* *
		心理	了解学生学业规划方向	* *
			重点关注心理异常学生	* * *
11 月	第 11 周	思想教育和价值引领	安全、普法教育	*
				* *
		事务管理	走访宿舍	* *
			与特殊学生家长建立良性互动	* * *
		学风建设	关注学业困难学生	* *
			考研学生指导	* *
		安全稳定	考勤查寝	* * *
			“11・9 消防日”消防安全宣传	* *
			“双十一”网购安全提醒	* *
		资助	“四奖一助”评定工作	*
		党团和班级建设	主题班会：期中总结反思	* *
		心理	重点关注心理异常学生、考研学生心理状态	* * *
	第 12 周	思想教育和价值引领	鼓励积极就业	*
		事务管理	走访宿舍	* *
			及时发布招聘会信息	* *
		学风建设	关注学业困难学生	* *
			考研学生指导	* *

续表

	周数	类别	工作内容	重要性
11月	第12周	安全稳定	考勤查寝	* * *
		资助	"四奖一助"评定工作公示	*
		党团和班级建设	主题团日活动	* *
			发展党员	* * *
		心理	上报学院心理健康月报	* *
			关注异常学生心理动态	* * *
	第13周	思想教育和价值引领	开展社会热点专题教育	*
		事务管理	走访宿舍	* *
			及时发布招聘会信息	* *
		学风建设	进课堂听课	* *
			考研、考公系列分享交流会	* *
		安全稳定	考勤查寝	* * *
		资助	"四奖一助"评定工作收尾	*
		党团和班级建设	主题班会:时间管理	* *
		心理	重点关注心理异常学生	* * *
12月	第14周	思想教育和价值引领	法治教育(12月4日宪法日)	*
		事务管理	走访宿舍	* *
		学风建设	关注学生学业困难	* *
			进课堂听课	*
		安全稳定	考勤查寝	* * *
		资助	助学贷款,学生服完兵役复学,建档立卡免学费发放	*
		心理	重点关注心理异常学生、考研学生心理状态	* * *
	第15周	思想教育和价值引领	爱国主义教育("一二·九"运动)	* *

续表

	周数	类别	工作内容	重要性
12月	第15周	事务管理	优秀毕业生评选	**
		学风建设	关注考研群体	**
		安全稳定	考勤查寝	***
		资助	助学贷款,学生服完兵役复学,建档立卡免学费发放	*
		党团和班级建设	心理委员、宿舍长碰头会,深入了解学生情况	***
		心理	重点关注心理异常学生、考研学生心理状态	***
	第16周	思想教育和价值引领	诚信教育(期末考试)	**
		事务管理	走访宿舍	**
			组织填写并审核毕业生推荐表	*
		学风建设	学业困难学生帮扶特别是考研压力缓解	**
		安全稳定	考勤查寝	***
		资助	秋季助学金,四类奖学金发放	*
		党团和班级建设	主题班会:诚信应考	***
		心理	上报学院心理健康月报	**
			期末阶段班级心理状况排查	***
	第17周	思想教育和价值引领	安全教育	**
		事务管理	走访宿舍	**
			年终总结	***
			元旦留校学生统计、离校学生请假	***
		学风建设	督促学生学习,讲究考前复习方法	**
		安全稳定	考勤查寝	***
		资助	做好家庭经济困难学生感恩教育工作	*

续表

	周数	类别	工作内容	重要性
12月	第17周	党团和班级建设	寒假社会实践动员	* *
			班级活动(冬至、元旦等节日)	* * *
		心理	期末阶段班级心理状况排查	* * *
1月	第18周	思想教育和价值引领	诚信教育	* * *
		事务管理	走访宿舍	* *
			元旦返校情况统计	* * *
		学风建设	考前动员	* *
		安全稳定	考勤查寝	* * *
		资助	拟定寒假“三访”工作方案	*
		党团和班级建设	主题团日活动	*
		心理	关注考试焦虑学生	* * *
	第19周	思想教育和价值引领	诚信教育	* *
		事务管理	走访宿舍	* *
		学风建设	考研学生指导	* *
		安全稳定	考勤查寝	* * *
		资助	确定寒假“三访”方案	* *
		党团和班级建设	公务员、选调生等考试的推荐和政审	* *
		心理	关注考试焦虑学生	* * *
	第20周	思想教育和价值引领	安全教育	* * *
		事务管理	走访宿舍、寒假前宿舍大检查	* *
			寒假离校情况统计	* *
		学风建设	考前动员	* *

续表

	周数	类别	工作内容	重要性
1月	第20周	安全稳定	安全大排查	* * *
		资助	准备寒假“三访”	*
		党团和班级建设	寒假前主题班会	* * *
		心理	关注特殊学生、家校联动	* * *
寒假	寒假	思想教育和价值引领	感恩教育、安全教育	* *
		事务管理	关注学生期末成绩	* *
			特殊群体学生家校联动	* * *
		学风建设	督促学业困难学生做好复习和补考准备	* *
		安全稳定	假期安全	*
		资助	寒假“三访”	* * *

八、大四第二学期工作(见表8)

表8　　大四第二学期工作

	工作内容	重要性
2月	关注学生假期思想动态及安全	* * *
	指导学生参加假期间招聘会	* * *
	筹划新学期工作	* *
3月	进行就业情况动态统计	* * *
	指导学生参加春季招聘会	* * *
	考研情况统计	* * *
	指导学生考研调剂	* * *
	入党积极分子考察培养	* * *

续表

	工作内容	重要性
4月	毕业生系列主题教育活动	* * *
	进行就业情况动态统计	* * *
	回收就业材料(合同、协议等)	* * *
	考研情况精确统计	* * *
	指导学生考研调剂	* * *
5月	组织“三支一扶”、志愿服务西部等政策的宣讲和报名工作	* * *
	助学贷款诚信还款确认	* *
	配合做好毕业生应征入伍相关工作	* *
6月	配合做好毕业生资格及学位资格审查	* *
	办理毕业生党组织关系转移	* *
	清查整理毕业生档案	* * *
	开展文明离校教育	* * *
	筹备组织毕业典礼	* * *
	办理毕业生离校手续	* * *
	发放毕业证、学位证、报到证	* * *
	欢送毕业生	* * *
7月	整理发送毕业生档案	* * *
8月	学生就业情况跟踪	* * *
	就业工作总结和四年工作回顾	* * *

第二部分

基础问答——解心中之惑

一、思想政治教育

1.开展思想政治教育的方式有哪些？

学生思想教育要注重方式和方法，针对不同群体不同主题要采用不同的方式。

常用的思想政治教育方式有如下几种：

(1)课堂教学。思想政治教育的主渠道是课堂，例如形势政策课和思政课，通过知识讲授提高学生的思想政治觉悟和理论水平，但是课堂教学需通过持续不断的多次积累才能取得预期效果。

(2)专题教育。针对某一特定主体，通过专题报告、专题演讲、专题讨论、专题学习等方式在较短的时间内澄清或强化对主题的认识。如“感师恩，颂师魂”专题教育、“浓情五月天，感恩母亲节”专题教育、反诈骗专题教育、校园贷风险防范专题教育、党的十九大精神学习等。

(3)自我教育。以学生为主体开展各类形式多样的文体活动，通过学生组织、策划、参与和总结的过程，达到自我学习和自我教育的目的。学生自我教育需要加强引导。

(4)朋辈教育。将有共同语言和共同特点的学生有目的、有计划地组织起来，让他们相互传授学习、生活、工作等方面的经验，进行思想和情感上的交流和沟通，体会到相互之间的朋友情谊和关爱，能够实现优势互补、相互促进、共同成长。

(5)实践教育。组织学生广泛参加各类调研、实地走访和参观等实践活动，从而受到启发。实践教育要避免走马观花，注重总结和提高。

(6)谈心谈话。可以深入进行思想政治教育，一般是一对一进行。通过谈心谈话一方面能够准确了解和掌握学生在各方面的表现情况，及时地发现问题和解决问题，另一方面通过建立与学生的信任关系，可以提高教育的有效性。辅导员在与学生进行个别谈话时，要注意针对不同的学生采取不同的方法，更要注意与学生谈话的方式和谈话的技巧，以热诚的态度积极引导、帮助学生认识和处理他们在成长过程中遇到的各种问题和烦恼。

2.新生入学教育如何开展？

我校坚持“提前介入，过程延长”的新生教育理念，按照务求实效的原则，开展形式多样的新生教育工作，帮助新生适应大学学习生活，实现角色转变。

(1)暑假期间，学生工作处精心编写《新生入学指南》，随录取通知书一并发往新生手中，从新生报到、大学学习、校园生活等多个方面对新生进行指导，帮助新生提前了解校园、顺利办理入学手续、适应大学生活。各部门利用暑假假期，进一步抓好各项工作的落实，全力做好迎接新生的各项准备工作。各学院充分利用新媒体平台，建立官方迎新 QQ 群，线上为新生答疑解惑。

(2)作为大学生健康成长的指导者和引路人，辅导员、班主任在学生的成长成才中发挥着重要作用，开学前，学校、二级学院会组织召开新生辅导员、班主任培训会，从教学管理、就业创业指导、新生教育等多个方面为新生辅导员、班主任了解规章制度、把握学生特点、学习先进经验、有效开展班级建设工作提供支持和帮助。同时，可开展学生党员一对一联系一间新生宿舍、一对一联系一个新生班级工作，发挥学生党员的作用，以朋辈的青春正能量影响和引导新生，用他们的行为感染新生和周围同学，真正形成老生带新生、一级带一级、一级帮一级的良好局面。

(3)新生军训磨练意志。通过军训，加强对当代大学生的爱国主义教育，培养强烈的国防意识，同时锻炼大学生的吃苦耐劳精神和集体主义观念，教育学生做一个有责任心、有担当、勇于奉献的人。在新的人生起点上，通过拼搏和努力争取更好的成绩，给自己的青春留下浓墨重彩的一笔，为学校事业的蓬勃发展贡献自己的力量。

(4)摸底筛查，心理普测。建立学生心理健康档案，用以对心理问题潜在高风险学生进行重点关注。测评结束后，还将给心理辅导员进行专题辅导讲座，帮助他们就心理普测结果进行分析指导。

(5)助力成长，小组活动全铺开。为发挥朋辈引导作用，帮助新生成长，各学院在暑假前完成助理辅导员选拔工作并培训。随着军训结束，各学院新生适应小组将陆续展开，开展过程中辅导员、助理辅导员作为小组工作员，针对新生独立生活、人际关系、学习能力、职业目标等困扰开展小组辅导，使新生尽快适应校园环境并熟悉各种资源、明确自己的爱好与努力方向、尽快掌握一定的学习方法、学会独立和与人相处的艺术，帮助新生尽快适应大学的学习生活。

(6)制定《新生入学教育方案》，有计划、分阶段实施理想信念教育、大学理念教育、爱校荣校教育、学习生活教育、专业教育、学业规划教育、文明素质教育、诚信教育、安全防范教育、心理健康教育等。

3.如何开展毕业教育？

我校坚持“以学生为本，为毕业生服务”的理念，以“爱校荣校，文明诚信，追逐梦想，成才报国”为主题，通过“思想引领、教育引导、真情帮扶、爱心传递、行动感召”五大载体，教育引导毕业生坚定理想信念，争做文明先锋；感恩母校恩情，明确青春梦想；增强毕业生奉献社会、服务人民、报效祖国的责任感和使命感。毕业教育一般在毕业生离校前开展，持续一个月左右。

(1)编写《毕业生服务手册》

坚持“以学生为本”“为学生服务”和“简化、便捷”的理念为毕业生服务，由学生工作部牵头，编写《毕业生服务手册》，包括离校工作时间安排、党组织关系和团关系办理、一卡通销户、助学贷款确认、就业派遣等与毕业生切身相关的事项，方便毕业生明确了解毕业各环节的办理，保证毕业生快捷、有序、文明离校。

(2)“诚信教育”主题活动

针对毕业生毕业前补考，开展毕业生诚信考试教育专项活动，通过召开诚信考试动员大会、个别谈话等多种形式，借助线上线下平台，加强考试违规警示教育，让毕业生全面了解考试违规带来的严重后果，自觉遵守考试纪律。组织毕业生学习《高等学校预防与处理学术不端行为办法》和《山东青年政治学院学位论文作假行为处理办法实施细则》，全面实行学术诚信承诺制度，通过辅导讲座、主题班会、典型事例讲解、学术诚信大讨论等多种形式，教育学生坚持实事求是的科学精神和严谨的治学态度，反对投机取巧的作风和行为，争做遵守和履行学术规范和学术道德的先行者，引导学生正确树立学术诚信意识，提高学术诚信素养。

(3)“我的大学·我的家”毕业图片视频留念活动

毕业前夕，同学们对母校，对老师，对同学，对学弟学妹，对曾经朝夕相处的宿管大妈、楼管大爷、餐厅师傅以及伴随自己成长的校园一草一木一山一水会有很多感慨、感悟、感恩、感想，也会有很多精彩的毕业照片、校园景观照片、学习生活照片、个人成长记忆照片、微视频等，留下毕业生青春洋溢的笑脸，纪念大学生活，让每个回忆成为永恒。

(4)“祝福母校”感言征集活动

各学院组织毕业生开展以“母校情，一生情”为主题的毕业感言征集与评选活动。

(5)开展“毕业生培养成果展示”活动

举办考研经验交流会活动、优秀毕业生事迹展等，将毕业生大学当中取得的优异成绩、优秀学生、优秀事迹等培养成果的资料进行整理汇总，在学院范围内进行展示宣传，进一步增强毕业生的成就感，发挥毕业生的激励性和带动性，为在校学生的发展提供“示范”和“引领”。

(6)开展“爱校、爱家园”义务劳动

围绕“奉献点滴力量，共建美好家园”活动，组织各毕业班级至少开展1次义务劳动，并积极参加学校、学院及有关部门组织的美化校园、美化教室、美化宿舍等活动。在劳动中表达毕业生对母校、老师的感恩之情，使其在离校前夕珍惜每一分每一秒的美好时光，爱惜学校的花草树木和公共财产，争做护校爱校的文明使者。

(7)建立毕业班校友信息档案

校友信息档案是加强校友联络和交流的基础，做好毕业班校友信息的建档和维护工作。选聘优秀学生作为校友工作联络员，成立班级校友信息工作小组，编制、报送班级校友信息登记表。

(8)开展“百名教师进宿舍”活动

毕业前夕，学院分管学校工作副书记、学工办主任、辅导员及班主任要带着深情厚谊深入到毕业生宿舍、班级和毕业学生之中，广泛听取学生意见和建议，了解学生的所思、所想、所需，把解决实际困难问题和教育引导有机结合起来，于无声中化解矛盾，解决问题。在工作中加深了解，增进情谊。

4.如何在网络时代创新思想政治教育的方式？

互联网技术和思维同思想政治教育传统优势的深度融合是高校思想政治工作发展的必然趋势，是思想政治教育研究焕发新活力的重要生长点。因此，创新思想政治教育方式要将网络作为开展思想政治教育工作的重要舞台和载体。

(1)要建立新媒体的思想政治教育平台，通过建立微信公众号、微信群、QQ群等方式，一方面弘扬主旋律、宣传正能量，另一方面丰富宣传渠道。

(2)在表达上要强化“内容为主”的思维，采用符合学生需求、受学生喜爱的方式，以简洁有力的文字，富有感染力的图片、视频进行内容阐释。

(3)将各种主题演讲和教育活动制作成易于传播的微课堂或网络课堂，扩大受众面，方便学生随时随地学习。

(4)要加强线上和线下的深度协调和结合，既要关注学生在网络上的表现，也要增加学生在网络下的交流和学习。

5.如何开展大学生诚信教育？

诚实守信，是中华民族的传统美德，是社会主义核心价值观的重要内容，是公民道德规范的基本要求，是现代社会文明的基石和标志。为强化我校大学生的诚信意识，培养学生诚信品质，引导学生树立求真务实、言行一致的诚信形象，构建诚信校园，营造良好学风，学校制定了《大学生“四诚”教育工作方案》，内容包括诚信考试，诚信学术，诚信就业，诚信还款。可通过诚信教育主题班会、签署诚信承诺书、典型案例教育、诚信主题征文等形式开展。

二、学风建设

1.学校学风建设思路

我校始终把学风建设作为学生工作重心，坚持实施“优良学风塑造工程”，制订出台《学风建设五年规划》《进一步加强学风建设意见》等系列制度，初步形成了覆盖全面、配套衔接、体系严密、导向鲜明的学风建设制度体系，积极构建学风培育（优良学风宿舍先进个人示范班级“三优”创建培育、考公考研分享会、学风建设月等活动）、学风引领（省优生省优干、三好学生等各类评优评先）、学风考核（建立学风建设指标体系，把四六级通过率等指标纳入年度学工考核指标体系）、学风激励（设立校长奖学金，提高奖学金评选比例和额度，大力宣传表彰学风建设先进典型，营造浓厚学习氛围）等学风建设四大机制，形成重培育引领，以考核激励树立鲜明导向的学风建设思路。

2.如何进行学期初的学习成绩分析？

学习成绩是学生学习态度和知识掌握程度的综合体现，辅导员老师要在每个学期初的第1～2周完成成绩分析，具体工作如下。

（1）内容：各班级横向成绩分析，包括单门课程优秀率、及格率、不及格率，班级学期平均分，班级学生不及格率、不及格人次，等等，总结经验，分析原因。

（2）形式：召开班级或者专业或者年级大会，通报成绩分析，对于成绩好的班级提出表扬，总结经验，对于成绩较差班级指出学生学习中存在的问题，及时改进。

（3）后续：对于学习特别有困难的学生，列入重点关注名单，对于进入预警的学生，立刻联系家长，将学生学习情况通报给家长，并采取精准帮扶措施。

3.学习困难学生，如何开展精准帮扶措施？

（1）自控力差学生帮扶。每个学期第3周开始，根据上学期学习成绩，选取帮扶对象名单，根据学生特点，由学习成绩优秀的学生采取一对一、一对多、多对一帮扶措施。

注意事项：辅导员老师一定要参与到其中，要充分做好被帮扶学生思想工作，从时间和体制上进行督促，辅导的活动也要进行指导和监督。

（2）一般心理问题造成学业困难帮扶。一是建立学生帮扶成长档案，内容包括学生成绩分析、原因分析、采取的帮扶措施、取得的效果；二是辅导员老师要和家长取得联系，保持不间断的沟通；三是必要时，家长进行陪读；四是辅导员老师联系学校心理健康咨询中心老师进行专业心理辅导；五是辅导员老师也要和专业老师沟通，争取课堂学业支持。

（3）严重心理问题造成学业困难帮扶帮扶。严重心理问题必须要转介到专业机构，并且家长要陪读。

（4）偏远地区学生帮扶。在新生入校后，要对学生信息进行筛查，偏远地区学生给予更多关注，如查看作业等，提前了解学习情况。辅导员老师要和任课老师做好沟通，必要时候请老师给予辅导。

4.如何做好学业预警工作？

（1）辅导员老师要熟悉关于学习的相关文件，方便指导学生。

（2）每个学期初，教学秘书会综合考核学生成绩，列出学业预警名单，辅导员老师接手预警学生名单后，应该尽快和学生取得联系，分析原因，同时和学生家长联系，必要时候需要学生家长来学校陪读。针对学生不同情况，结合上述措施做好学生学业精准帮扶工作。

（3）辅导员老师要做好特殊学生的谈话工作，必要时候要进行录音备案。

三、班级建设

1.为什么要进行班级建设？

班级作为学校行政管理的最小单位，是实现大学生自我管理和自我教育的重要阵地，也是进行学风建设的重要平台。

2.班级建设中基本工作内容包括哪些？

班级建设工作包括以下基本内容：班级基层组织建设、班级凝聚力建设、班级学风建设、班级文化建设、班级特色工作建设等。

3.在班级建设过程中，辅导员的具体工作有哪些？

（1）选聘班级学生干部。

（2）召开班级建设动员会议，部署班级工作安排。

（3）辅导班级学生干部制定本班级建设方案，班级建设方案包括：班级基层组织建设、班级凝聚力建设、班级学风建设、班级文化建设、班级特色工作建设。

(4)召开班级建设促进会议,检查督促各班级建设任务实施情况。

(5)协助学院召开班级建设评选大会,并做好优秀班级宣传。

(6)积极主动和班主任沟通,每个月保持一次沟通,做好沟通记录,沟通内容包括:近期班级学习情况、特殊群体关怀情况、卫生情况、班级建设落实情况等。

4.班级学生干部如何选聘和培训?

学生干部选聘:新生军训后一周内完成班委的选聘。选聘流程为:由班级同学自由申报,学生投票选举产生班级学生干部候选人,然后由辅导员、班主任确定最后班委名单和具体分工。班级学生干部成员根据具体情况确定。

学生干部的培训:学生干部选聘后要进行学生干部的培训,尤其是新生班级干部。班级学生干部培训内容包括:班委职责,未来一学年的工作任务、工作技能、注意事项及其他辅导员认为有必要的内容。

5.班级文化建设的内容包括哪些方面?

班级文化是“班级群体文化”的简称,是作为社会群体的班级所有或部分成员共有的信念、价值观、态度的复合体。班级成员的言行倾向、班级人际环境、班级风气等为其主体标识。具体班级文化建设可以包括:班级班旗、班级愿景、班级价值观、班级口号、班级建设制度等。目前,处于新媒体时代,班级文化还可以借助于班级 QQ 空间、班级微博等方式建设或者展现。

四、安全稳定

1.开展学生安全教育的重要时间节点是什么时候?

日常的班级、年级会议的专题教育;4 月 15 日(国家安全教育日);假期前后安全教育提醒;特殊群体敏感时期(学期初、学期中、考试期、突发状况等);大型活动(讲座)开展前;迎新;毕业离校期间;其他突发事件。

2.什么是特殊群体?

特殊群体一般分为:心理问题学生、特殊性取向学生、特殊家庭学生、网络成瘾学生、学业困难学生、校外住宿学生、临时特殊状况学生。

3.校园贷有哪些分类?如何预防、发现和处理?

分类:(1)电商背景的电商平台——淘宝、京东等传统电商平台提供的信贷服务,如蚂蚁花呗、借呗、京东校园白条等。(2)消费金融公司——如趣分期、任分期等,部分还提供较低额度的现金提现。(3)P2P 贷款平台(网贷平台),用于大学生助学和创业,如名校贷等(因国家监管要求,包括名校贷在内的大多数正规网贷平台均已暂停校园贷业务)。(4)线下私贷——民间放贷机构和放贷人这类主体,俗称高利贷。高利贷通常会进行虚假宣传、线下签约、做非法中介、收取超高费率,同时存在暴力催收等问题,受害者通常会遭受巨大财产损失甚至危及自身安全。(5)银行机构——银行面向大学生提供的校园产品,如招商银行的"大学生闪电贷"、中国建设银行的"金蜜蜂校园快贷"、青岛银行的"学 e 贷"等。

预防、发现和处理:(1)在学生中开展安全预防警示教育。(2)及时了解、发现学生中是否存在校园贷现象,特别是过度消费、超前消费的情况。(3)如有发现,谈话了解具体情况,及时上报学工处并进行研判,与家长沟通汇报,协商解决办法。(4)如在可控范围内,由学生及家长自行解决;如不可控,则报送公安机关,并联系学生本人及家长。

4.网络诈骗有哪些分类?如何预防、发现和处理?

网络诈骗是指以非法占有为目的,利用互联网采用虚构事实或者隐瞒真相的方法,骗取数额较大的公私财物的行为。可分为:利用 QQ 盗号、网络游戏交易进行诈骗;网络购物诈骗(假链接、拒绝安全支付法、多次支付等);网上中奖诈骗;网络钓鱼诈骗(非法电子邮件、假冒银行网站等);订票诈骗;就业实习、兼职诈骗;等级考试、资格考试诈骗;学术论文诈骗;传销陷阱;等等。

预防、发现和处理:(1)开展安全预防警示教育:不贪便宜;使用比较安全的支付工具;仔细甄别虚假网站,严加防范;不要在网上购买非正当产品;提高自我保护意识,注意妥善保管自己的私人信息。(2)及时了解、发现学生中是否存在被骗现象。(3)如有被骗情况,第一时间报告给辅导员,并向学校安全管理处报警。谈话了解具体情况,及时上报学工处并进行研判,与家长沟通汇报,协商解决办法。(4)如涉及被骗金额较大,在可控范围内,协调学生及家长自行解决;如不可控,则联系学生本人及家长,并报送公安机关,依法办理。

5.意识形态工作关注哪些重点?

意识形态安全是指一个国家占主导地位的思想、政治意识形态不受侵害的相对稳定的状态,它是国家安全体系的重要组成部分。意识形态安全主要包括指导思想的安全、政治信仰的安全、道德秩序的安全等内容。高校作为意识形态的重要阵地,先进文化的生产基地,承担着培养和造就社会主义事业建设者和接班人的重要职责。

关注重点:(1)讲座报告审查。讲座报告的主讲人和主讲内容必须审查,涉台、涉外等必须报主管部门审查。(2)社团活动审批。大型活动(集会)必须报告审批。每年要进行社团干部培训,强调注意事项。(3)网络舆情关注。关注学校论坛、微信平台等新媒体,及时跟进负面信息,防止虚假谣言信息扩散,加强马克思主义主流意识形态的理论教育和宣传。(4)对信教学生长期关注,不允许其在学校内传教、发展教徒和开展宗教活动。

6.学生校外住宿如何申请、办理及安全保障?

申请资格:校外住宿申请主要面向心理或生理疾病等不适合集体住宿的学生,除特殊情况外,不受理普通学生校外住宿申请。

申请时间:每学期初2周内摸查学生住宿情况,核查校外住宿,办理相关校外住宿手续。由学生申请、家长同意、学院审批、学工处备案,严格控制审批数量。

申请材料:申请表、家长签字同意书、安全责任书、房租合同(含房东联系方式)等材料齐全,并与学生家长电话确认,通报学校安全管理规定。

安全措施:(1)辅导员每学期实地察看租住地点并拍照。(2)每月电话联系家长一次,每2周联系学生一次。(3)每周走访公寓时,抽查是否有私自校外住宿情况,按照学生考勤规定、学生违纪处分条例处理。

7.突发事件的分类及处理原则有哪些?

突发事件分类:A类打架斗殴,B类学生受伤,C类学生死亡(非意外),D类传染性疾病,E类非法集会,F类交通意外、溺水身亡或其他重大恶性事故,G类火灾事故。

处理原则:(1)突发事件发生后应做到人员伤害最小化、人员到场救治及时化、医院选择最优化、事件影响最小化。(2)所有突发事件处理后要对相关学生进行必要的心理疏导和关注。(3)学院应成立突发事件处理预案小组和制定突发事件处理预案。

五、资困助学

1.学校认定家庭经济困难学生的规定和具体流程?

(1)认定范围

全日制本、专科生。

(2)组织领导

由学校家庭经济困难学生认定工作领导小组统一领导。各学院要完善认定组织建设,加强领导,成立以分管学生工作副书记为组长,辅导员、班主任为成员的家庭经济困难学生认定工作小组，负责本学院家庭经济困难学生的认定工作。同时，各班级要成立以辅导员为组长，班委会、学生代表等为成员的认定评议小组，负责认定的班级民主评议工作；成立以班主任为组长、学生代表任成员的监督小组，负责班级认定评议工作的监督工作。认定评议小组、监督小组成员须获本班 2/3 以上学生认可，学生代表应具有广泛的代表性，一般不少于班级人数的 10%。认定评议小组、监督小组成立后，其成员名单应在本班级范围内公示 3 个工作日。

(3)认定办法

家庭经济困难学生认定采取学生家庭经济状况自我测评、班级认定评议小组测评相结合的方法，确定得出学生家庭经济困难程度量化测评分值，最终确定学生困难程度。其中，家庭经济困难学生的困难程度量化测评总分(M)＝家庭经济状况自我测评分(M1)＊60%＋班级认定评议小组评议分(M2)＊40%。

①家庭经济状况自我测评体系

家庭经济状况测评实施网上自我测评，测评内容主要包括家庭成员基本情况、家庭成员健康状况、家庭负担情况、教育负担情况、家庭负债等 18 个方面。

②班级认定评议小组测评

班级认定评议小组根据申请学生的家庭经济状况测评分情况，进行综合讨论，并对申请学生的学生家庭困难程度、学生诚信状况、日常生活消费行为、遵守纪律情况、感恩奉献精神、上一学年受助情况等 6 个方面分别进行评分。

(4)家庭经济困难等级确定

有下列情况之一的，认定为特殊困难：

①建档立卡贫困家庭学生。

②城乡最低生活保障家庭学生。

③城乡特困供养学生。

④孤儿。

⑤烈士子女。

⑥家庭经济困难的残疾学生及残疾人子女。

⑦因其他原因(如家庭遭受重大自然灾害或重大突发意外、家庭成员患有重大疾病等)造成经济特别困难的家庭学生。

家庭经济困难学生分为特别困难、困难和一般困难等二至三档，原则上被认定为家庭经济困难学生总数不能超过年级人数的30%。原则上对于被认定为一般困难学生的困难程度量化测评总分(M)不能低于60分；被认定为困难学生的困难程度量化测评总分(M)不能低于70分；被认定为特别困难学生的困难程度量化测评总分(M)不能低于80分，且人数不能超过班级人数的10%。

(5)认定工作程序

①学生根据个人家庭状况，提供相关证明材料和《家庭经济困难学生认定申请表》向班级认定评议小组提出申请，经审定合格后确定申请认定资格。证明材料包括建档立卡，特困供养、城乡低保、孤儿、烈士子女、残疾及自然灾害、突发事件、重大疾病的直接证明材料。

②学生登录认定系统，完善个人信息，签订诚信承诺书，客观、公正地选择符合个人的相关情况，在规定时间内完成家庭经济状况自我测评，确认无误后提交。

③学生完成自我测评后，班级认定评议小组根据申请学生的自我测评情况进行充分讨论，综合评议打分，并登录认定系统录入评议分值。

④根据学生自我测评和班级评议结果，学院学生资助工作组确定出家庭经济困难学生的初定人选和等级，并在学院一定范围内进行公示。公示无异议后，学院登录认定系统提交本学院认定结果。

⑤经学校学生资助工作领导小组审批后，学校发布2019～2020年家庭经济困难学生认定结果，学生可以登录认定系统查询认定结果。

2.生源地助学贷款的具体要求和流程？

(1)申请生源地信用助学贷款的学生必须同时符合的条件

①具有中华人民共和国国籍。

②诚实守信，遵纪守法。

③被根据国家有关规定批准设立、实施高等学历教育的全日制普通本科高校、高等职业学校和高等专科学校(含民办高校和独立学院)、科研院所、党校、行政学院、会计学院(学校名单以教育部公布的为准)正式录取，取得真实、合法、有效的录取通知书的全日制新生(含预科生)或高校在读的本专科学生、研究生(含硕士研究生和博士研究生)和第二学士学位学生。

④学生本人入学前户籍、其共同借款人户籍均在本县(市、区)。

⑤家庭经济困难，本人及其家庭的经济能力难以满足在校期间的学习、

生活基本支出。

⑥当年没有获得开发银行高校助学贷款或其他金融机构经办的国家助学贷款。

所需申贷材料如表 2-1 所示。

表 2-1　　生源地信用助学贷款申贷材料

地区	首贷材料	续贷材料
地区①：上一年度所有县区均开展生源地信用助学贷款合同电子化工作且上一年度电子化率高于 99％的省(市、区)	①学生身份证原件。 ②共同借款人身份证原件。 ③录取通知书(或学生证)原件。 ④《申请表》原件。 ⑤户口簿原件。 ⑥《认定表》原件(未通过预申请学生需要提交)。	①办理人本人身份证原件。 ②借款学生或共同借款人签字的《申请表》原件。
地区②：除了地区①以来的其他省(市、区)	①学生身份证原件及身份证正反面复印件 1 份。 ②共同借款人身份证原件及身份证正反面复印件 1 份。 ③录取通知书(或学生证)原件及复印件 1 份。 ④《申请表》原件。 ⑤户口簿原件。 ⑥《认定表》原件(未通过预申请学生需要提交)。	①办理人本人身份证原件及身份证正反面复印件 1 份。 ②借款学生或共同借款人签字的《申请表》原件。

(2)贷款额度

①生源地信用助学贷款按年度申请、审批和发放。

②全日制普通本、专科学生(含第二学士学位、高职学生)每人每年申请贷款额度不超过 8000 元，且不低于 1000 元；年度学费和住宿费标准总和低于 8000 元的，贷款额度可按照学费和住宿费标准总和确定。全日制研究生每人每年申请贷款额度不超过 12000 元，且不低于 1000 元；年度学费和住宿费标准总和低于 12000 元的，贷款额度可按照学费和住宿费标准总和确定。

③贷款额度如遇国家政策调整，应按最新规定执行。

(3)贷款期限

贷款期限为学制加 13 年，最长不超过 20 年。生源地信用助学贷款不展期。具体如表 2-2 所示。

表 2-2　　生源地信用助学贷款期限情况表

	申请所在年级	最长贷款年限
专科(三年制)	一年级	16
	二年级	15
	三年级	14
本科(四年制)	一年级	17
	二年级	16
	三年级	15
	四年级	14

(4)宽限期

借款学生毕业后三年间为还本宽限期。还本宽限期内，借款人只需要偿还贷款利息，无需偿还贷款本金。还本宽限期后，借款人按年度分期偿还贷款本金和利息，具体还款计划按《国家开发银行生源地信用助学贷款借款合同》相关约定执行。

3.我校评选国家奖学金和省政府奖学金的流程？

(1)符合条件的学生可向所在学院提出书面申请，附个人材料(第三人称，不少于 1500 字)；提供成绩单、成绩排名表、综合素质测评排名表(均由学院出具)，并填写《国家奖学金申请审批表》《省政府奖学金申请审批表》。经班级学生评议通过，辅导员、班主任签署意见后，以班级为单位报所在学院初审。

(2)各学院负责审查申请人的资格，深入学生中间了解申请人的生活、学习状况和其他表现，在综合比较后，确定本学院候选人，并将推荐名单在本学院进行不少于 3 个工作日的公示。

(3)国家奖学金申请学生需根据个人综合情况做 PPT 自述并进行答辩，由评委根据学生自述、答辩的情况打分，具体时间另行通知。

(4)学生工作处组织评审小组综合评审国家奖学金和省政府奖学金学生材料，提出本年度获奖学生建议名单，报学校学生资助工作领导小组审定，并在校内进行不少于5个工作日的公示。

(5)公示无异议后,按要求报上级主管部门审批。

4.我校评选国家励志奖学金和省政府励志奖学金的流程?

(1)符合条件的学生向所在学院提处书面申请,附个人材料(不少于1500字)并填写《国家励志奖学金申请审批表》《省政府励志奖学金申请审批表》。经班级学生评议通过,辅导员签署意见后,以班级为单位报所在学院初审。

(2)各学院负责审查申请人的资格,深入学生中间了解申请人的生活、学习状况和其他表现,在综合比较后,确定本学院候选人,并将推荐名单在本学院公示3个工作日,公示无异议后报送学生工作处,同时发送电子版至指定邮箱。

(3)学生工作处对各学院所申报的候选人名单结合相关材料进行综合评审,提出本年度获奖学生建议名单,报学校审定,并在校内进行不少于5个工作日的公示。

(4)公示无异议后,按要求报上级主管部门审批。

5.我校评选国家助学金的流程?

国家助学金分三个档次:一档2200元/人/学年;二档3300元/人/学年;三档4400元/人/学年。

(1)符合条件的学生向所在学院提出书面申请并附个人材料(不少于1000字)。经班级学生评议通过,辅导员签署意见后,以班级为单位报所在学院初审。

(2)各学院按照本学院家庭经济困难学生的困难程度排序认真审查申请人的资格,将国家助学金结合学生其他受资助情况通盘考虑,提出国家助学金资助初步名单及资助档次,并将推荐名单、资助档次在本学院公示3个工作日,公示无异议后将汇总名单纸质版(加盖学院公章)及电子版报学生工作处。

(3)学生工作处对各学院所申报的受资助人名单结合具体相关材料进行综合评审,提出本学年度获得国家助学金学生建议名单,报领导小组审定,并在校内进行不少于5个工作日的公示。

(4)公示无异议后,按要求报上级主管部门审批。

6.我校家庭经济困难学生发展性资助项目是?

(1)实施原则

家庭经济困难学生发展性资助(以下简称"发展性资助")的实施坚持资助与发展并重、他助与助他并重、管理与育人并重的工作原则。发展性资助由学校统一组织实施，以项目研究和社会实践为载体，培养学生了解社会、适应社会、服务社会的能力。

(2)组织与管理

发展性资助实行校院两级管理模式。学校成立由分管校领导任组长，学生工作处、招生就业处、财务处、团委和各学院分管学生工作的党总支副书记为成员的发展性资助工作领导小组，负责领导家庭经济困难学生的发展性资助工作。领导小组下设办公室，办公室设在学生工作处。领导小组主要职责是：制定管理办法，组织、协调发展性资助项目的开展，负责校级项目的申报评审、中期检查、结题验收，以及效果分析评价等工作。

各学院成立由分管学生工作的党总支副书记任组长的发展性资助工作指导小组，负责落实本学院校级项目的申报推荐、项目指导等各项具体工作。

(3)资助范围及申请条件

①发展性资助项目申请人应是经认定的家庭经济困难在校学生，由学生自行组织团队，在规定的时间内以项目方式提出申请，开展学业提升、就业创业、科技创新、素质拓展、志愿服务、社会实践、社会调查、慈善公益和其他类项目。

②申请应以团队为主，个人也可单独申请，团队人数一般不超过 15 人。同等条件下优先资助团队合作项目。

③学生要自主设计方案、自主实施项目过程、自主完成项目总结等工作。项目要求思路新颖、目标明确、具有实践性和可操作性。学生要对项目方案及可行性进行分析，并在实施过程中不断调整优化，能够在项目预定期限内完成。

④每个项目须配备 1 至 2 名指导教师，指导教师原则上应由具有中级以上职称或具有硕士学位、责任心强、热心学生工作的教师担任。

(4)项目申报及评审程序

①申请人填写《山东青年政治学院家庭经济困难学生发展性资助项目申报书》，经项目组成员、指导教师签字确认，提交到项目负责人所在学院进行初审。

②各学院发展性资助工作指导小组对申请项目按本办法要求进行初步评审，对拟推荐的校级项目提出具体的推荐意见，加盖学院公章，填写《山东青年政治学院家庭经济困难学生发展性资助项目汇总表》，连同《山东青年政治学院家庭经济困难学生发展性资助项目申报书》一并报学生工作处。

③学校组织专家对申报项目进行评审，择优确定发展性资助项目名单，报学校家庭经济困难学生发展性资助工作领导小组审批，经公示无异议后下达立项通知。

(5)项目实施及验收

①项目负责人具体组织协调，项目组成员按照项目实施计划开展各项工作，原则上中途不得更换负责人，不得中途变更项目研究方向、题目及预设目标。

②项目实施后，项目组须根据学校要求提交进度报告书，汇报项目开展情况。对不按时递交进度报告表者或无明显进展的项目，应要求其限期整改直至停止项目运行。

③项目组在项目结束后，应及时向学校提出验收申请，提交《山东青年政治学院家庭经济困难学生发展性资助项目结项申请书》及相关佐证材料。

④学校组织专家对申请验收的项目按照项目申报表及结项申请书的内容进行验收，确定是否通过验收并将公示结果。

⑤学校将定期编印发展性资助优秀项目成果集，并通过报告会等形式搭建项目交流平台。

7.我校学生临时困难补助申请条件和流程？

(1)凡在学校注册的全日制本、专科学生中符合下列条件者，可以申请临时困难补助：

①无不良诚信记录。

②学生本人身患大病、重病或者遭受意外伤害，造成经济特别困难的。

③学生家庭遭遇重大自然灾害，财产遭受重大损失，影响学生完成学业的。

④其他突发性、特殊性经济困难，确需救助的。

对于因触犯国家法律法规、违反校规校纪而承担经济赔偿责任造成的临时性困难的学生，或因不良借贷、非法集资等造成的临时性困难的学生，不在此列。

(2)临时困难补助的审批流程

①学生本人向所在学院提出书面申请，填写《山东青年政治学院学生临时困难补助申请表》，写明申请临时困难补助的理由，并附父母或监护人工作单位、家庭所在地乡(镇)民政部门或街道办事处加盖公章予以确认的证明材料或县级以上医院的疾病证明。

②各学院对申请临时困难补助的学生情况要进行认真核实，并将受助学生名单在本学院范围内进行不少于5个工作日的公示。公示无异议后，将《山东青年政治学院学生临时困难补助申请表》由本学院分管学生工作的党总支副书记签署意见后，报学生工作处。

③学生工作处对各学院上报的临时困难补助情况进行审核，并根据受助学生困难情况确定资助标准。经学校审批后，由财务处将补助金划入受助学生账户。

六、心理健康教育

1.心理健康教育工作的主要任务有哪些？

按照教育部《普通高等学校健康教育指导纲要》要求，心理健康教育工作要以教育、引导学生：树立自觉维护心理健康的意识，掌握正确应对学业、人际关系等方面的不良情绪和心理压力必需的相关技能，提高心理适应能力为工作目标。工作的主要任务有：

(1)心理健康教育工作网络的建立和维护。

(2)心理兼职教师、心理委员的选聘和培训。

(3)心理健康知识的宣传和普及。

(4)心理健康教育活动的组织开展。

(5)学生心理健康状况的普查和统计分析。

(6)特殊群体学生的排查、干预和转介。

(7)个体咨询和团体心理辅导。

(8)心理危机的预防和处理。

(9)典型案例和典型问题的研讨。

2.心理健康教育工作网络包括哪几部分？

心理健康教育工作网络的建立以管理到位、责任明晰为原则，确保心理健康教育工作能够覆盖的每个班级、每个寝室、每个学生。学校构建了心理健康教育五级工作网络，并完善相应的管理办法。成立了山东青年政治学院大学生心理健康教育工作领导小组作为一级工作机构，具体负责心理健康教育工作的规划、实施、管理、指导、考核工作；二级工作机构由各学院心理辅导员组成，具体负责本院心理健康教育工作的规划、管理、指导工作；三级工作机构是由各班级心理委员组成，具体负责学校、学院心理健康教育工作的落实；四级工作机构是由各宿舍观察员组成，负责对本宿舍学生心理动态进行了解和掌握;五级工作机构是由每一名大学生组成,通过学习心理健康知识提升自我调适能力,了解和关注自身心理健康状况。

3.心理健康教育工作网络的维护包括哪些内容?

心理健康教育工作网络的维护要以工作网络的有效运行为目标,工作中根据具体情况对工作网络进行实时维护。各级工作网络日常维护包括以下内容。

(1)学生工作部(处)大学生心理健康教育咨询中心选聘一定数量的心理兼职教师和校外专家协助大学生心理健康教育咨询中心完成学校心理健康教育工作;对心理专职、兼职教师进行每学期至少一次的业务培训和工作督导;组织心理专职、兼职教师进行每学期至少一次的工作交流和研讨;对心理专职、兼职教师的工作进行考核;根据情况对心理兼职教师进行调换和补聘。

(2)每个学院选聘1名教师担任学院心理辅导员,负责组织和协调学院心理健康教育工作,聘任时需综合考量教师的知识结构、职业技能等方面。根据实际工作情况对心理辅导员进行调换和补充。

(3)每个班级至少选定一名心理委员,聘任时需综合考量学生的个人意愿、工作能力、性格特征、兴趣爱好等方面。各个寝室应确定一名宿舍观察员,协助心理委员完成相应的工作。视工作情况对心理委员和宿舍观察员进行改选和增补。

(4)大学生心理健康教育咨询中心要对学院心理辅导员、心理委员进行每学期至少一次的业务培训和工作督导;组织心理辅导员、心理委员进行每学期至少一次的工作交流和研讨;对心理辅导员、心理委员的工作进行考核。

(5)学院根据工作需要对心理委员进行每学期至少一次的业务培训、工作督导和考核。

4.心理兼职教师应具备哪些基本条件?

心理兼职教师应具备完成心理健康教育和咨询工作的基本素质和能力,为了能够有效开展相应的工作,应具备以下基本条件。

(1)热爱心理健康教育和心理咨询工作,具备良好的职业素养,能够开展心理健康教育,提供专业指导、为学生提供咨询服务,能够完成要求的心理咨询和心理健康教育的工作量。

(2)从事心理健康教育相关课程教学或具有大学生个体和团体心理咨询经验者。

(3)有责任感,有亲和力,有一定的敏锐性,善于倾听,善于沟通,能够严密保守咨询过程中所有个人信息。

5.学院心理辅导员的主要职责有哪些？

学院心理辅导员负责联络学校大学生心理健康教育咨询中心和各班级心理委员、各寝室宿舍观察员，负责安排布置校心理健康教育中心下发的工作任务，负责学院心理健康教育工作的规划和开展，负责本学院心理委员、宿舍观察员的管理。其具体职责有：

(1)了解和掌握本学院学生的心理健康状况，负责组织学院学生定期参加心理测评，密切观察、干预有心理问题的学生。

(2)每月一次向校大学生心理健康教育咨询中心进行反馈本学院学生的心理健康状况，并将指导意见传达给相关辅导员和心理委员。

(3)发现本学院有同学出现明显的心理危机或较明显的心理异常时，应及时向学院领导和学生工作部(处)、大学生心理健康教育咨询中心进行汇报，并配合和协助相关人员开展各项工作，避免恶性事件发生。

(4)负责本学院的班级心理委员、宿舍观察员的管理和相关培训，并指导他们开展工作。

(5)在本学院学生中开宣传、普及心理健康知识，帮助学生认识健康心理的重要意义，并普及心理问题出现时可以寻求的自助和求助方法。

(6)协助校大学生心理健康教育咨询中心开展心理健康教育工作，并组织、开展本学院的心理健康教育工作。

6.班级心理委员主要职责有哪些？

班级心理委员是班委会成员之一，由学院心理辅导员老师直接管理，同时受校大学生心理健康教育咨询中心领导。其具体工作职责有：

(1)宣传普及心理健康知识。向班级同学宣传心理健康知识，是心理委员的基本职责。要通过宣传让同学们更多了解心理健康和心理卫生知识，提高心理保健的意识和能力。宣传心理健康知识，要贴近同学们的实际，形式多样。根据不同阶段同学的需要，选择相应的内容，提高宣传的针对性；利用同学喜闻乐见的形式，如心理主题班会、团体训练等进行宣传。

(2)组织开展心理健康教育活动。心理委员要组织开展丰富多彩的心理健康教育活动，增强同学们的心理健康意识，营造和谐融洽的班级心理氛围，提高广大同学的心理素质和心理健康水平。一方面，心理委员要动员和组织班级同学积极参加学校、学院组织开展的各项心理健康教育活动；另一方面，要根据班级实际情况，自行开展和组织符合班级同学需要的心理健康教育主题活动。

(3)帮助同学消除心理困扰。心理委员要帮助同学消除心理困扰、克服不良情绪。同学们在日常的学习、生活中,经常会遇到一些心理困扰,心理委员要及时给予关心、情感支持和力所能及的帮助。通过倾听和交流,帮助同学调节情绪、恢复心理平衡。但如果同学的心理问题比较严重,心理委员没有能力帮助解决,就要劝导或建议他们到学校心理健康教育中心寻求专业教师的帮助。此外,对于正在接受心理咨询和治疗的同学,心理委员要根据教师的要求和安排做好协助工作。

(4)及时反映异常心理问题。心理委员每月要撰写报送一次"班级学生心理状态晴雨表",对本班学生的心理状态进行报告;每月召开一次学院班级心理委员工作会议,进行交流探讨。心理委员要关注班级同学的心理状况,加强与其他班干部尤其是寝室长的联系,及时发现并上报班级同学的异常心理问题。心理委员平时要多观察、了解班级同学的情绪和行为表现,了解同学的心理状态,发现异常情况,特别是那些严重危害身心健康、容易引发严重心理问题的情况,应该立刻向辅导员老师汇报。汇报有两种方式:一是口头汇报,紧急情况要立即口头汇报;二是书面汇报,对于重要非紧急的工作要进行书面汇报。

(5)心理委员要密切关注特殊时期和特殊人群的心理状况。比如在新生入学、开学初期、补考前后、学籍处理前后、评优选干、考试前夕、重大社会事件发生前后等特殊时期,同学们容易出现情绪波动、容易发生心理问题。贫困生、学习困难生、失恋者等,他们因承受的心理压力较大,也容易产生心理问题。对此,心理委员要保持高度的警觉。在遇到危机情况时,心理委员的主要工作是及时报告,不是直接给予心理干预。危急事件,需要专业人员处理。心理委员在报告的同时,要保持镇静,在力所能及的情况下,做好对相关同学的保护工作。

7.班级心理委员工作原则是什么?

班级心理委员在履行职责时,保密原则是心理委员必须遵守的工作原则,具体要求如下:

(1)不传播同学的隐私,不擅自透露同学的心理问题。

(2)不得以任何形式私自保留反映同学心理信息的资料,包括报告同学心理问题在内的所有材料应该交由相关老师保管。

(3)不得泄露学校有关部门和教师向心理委员传达的、需要保密的相关信息。

8.班级心理委员应具备哪些素质?

根据班级心理委员的工作性质和职责要求,除了需要掌握基本的专业知识和技能外,心理委员还应该具备以下的基本素质:

(1)有良好的思想道德素质。心理委员要具备为人正派、关心集体、团结同学、富有爱心、与人友善、待人热情、尊重他人、乐于奉献、责任心强的素质。能够赢得同学的好感和信任,拥有开展工作所需要的良好的群众基础。

(2)有健康的心理。心理委员自身应该有健全的人格和良好的心理素质,有较好的自我调节能力,有与其角色相符的心理健康形象。

(3)有较强的沟通能力。心理委员不但要乐意与人沟通,还要善于与人沟通,要有较强的沟通能力、表达能力。

(4)有敏锐的观察力。心理委员要能洞察同学的心理变化和异常表现。

9.班级心理委员的选聘应注意哪些问题?

(1)由于心理委员开展工作需要一些相关的专业知识,对选聘出的心理委员也将进行相关的系列知识技能培训。故选聘时,要考虑今后工作的持续性和专人专用,尽最大可能选聘有足够的精力和时间保证、能长期坚守心理委员工作岗位的学生担任。

(2)大一新生班须选聘心理委员,其他各年级原心理委员如有工作变动,要及时选聘新的心理委员。

(3)辅导员需在年级大会或班会上,宣传介绍心理委员的工作意义、职责及选拔要求等相关信息,采取个人申请或同学推荐,民主选举并由辅导员考核把关的形式选聘班级心理委员。

(4)每学年初,各学院统一将选聘的心理委员情况报学校心理健康教育服务中心备案,其他时间选聘的心理委员也应及时报送备案。

10.心理健康知识的宣传和普及的内容有哪些?

心理健康知识的宣传和普及要以帮助大学生树立心理健康意识,提高他们良好的心理素质,增强他们的心理调适能力和对社会生活的适应能力,预防和缓解大学生的心理问题为目的。要考虑到学生的实际需求和实际接受能力,针对不同群体设计不同的宣传内容。心理健康知识的宣传内容应包括心理学常识、心理健康的标准、含义和判断方法、心理健康对人的影响、常见心理问题的自我调适方法、心理咨询的功能和形式、大学生心理健康教育咨询中心的职能和业务范围等。

11.心理健康知识的宣传和普及的形式有哪些？

心理健康知识的宣传和普及形式要以实际效果为主要考量，可根据实际情况采取以下形式：

(1)开设心理健康教育课程。

(2)开展心理健康专题讲座。

(3)发放宣传资料。

(4)组织开展团体辅导。

(5)开展心理主题班会。

(6)心理电影展播。

(7)心理展板、橱窗宣传。

(8)举行心理知识竞赛。

(9)心理情景剧比赛。

(10)心理主题征文。

(11)运营“山青心灵驿站”微信公众号。

(12)运营心理咨询中心官网。

12.心理健康知识的宣传和普及主要在哪些时段进行？

心理健康知识的普及和宣传主要在新生入学、每学期初、“5·25”心理健康宣传月及心理问题突出的时段进行重点宣传，要覆盖到每一个班级、每一个寝室、每一个人。

13.大学生心理健康教育咨询中心在心理健康教育活动的组织开展中应承担的主要工作有哪些？

大学生心理健康教育咨询中心要按照学校学生工作的总体部署，牵头做好心理健康教育活动的规划和组织工作，具体工作包括：

(1)按照省高校工委和学校学生工作的总体要求，在每学年初制定学校心理健康教育工作计划和工作配档表。

(2)及时了解学生中存在的具有代表性的心理困惑和代表性群体，有针对性地开展专题性心理健康活动。

(3)承办校级心理健康教育活动，并组织各学院代表参加。

(4)定期了解学生对心理健康知识的了解和掌握情况，根据调查结果对心理健康教育活动进行调整。

(5)定期了解学院心理健康教育活动的开展情况，对其进行督导。

(6)选送优秀的作品和推选优秀的个人参加省高校工委组织的大学生心

理健康节，并给予指导。

(7)负责联络、组织跨校的心理健康教育活动和工作交流。

14.学院在心理健康教育活动的组织开展中应承担的主要工作有哪些？

(1)学院要根据校大学生心理健康教育咨询中心的工作部署，制定学院心理健康教育实施方案。

(2)根据学院的具体情况和学生的需求开展学院心理健康教育工作，组织学院、班级的心理健康活动，每次活动结束后将活动的开展情况和效果反馈给校大学生心理健康教育咨询中心。

(3)定期了解学院学生对心理健康知识的了解和掌握情况，根据调查结果对学院心理健康教育工作进行调整。

(4)承办院级心理健康教育活动，并组织各班级代表参加。

(5)组织和推选本院学生参加校及其他学院承办的心理健康教育活动。

15.班级心理委员在心理健康教育活动的组织开展中应承担的主要工作有哪些？

(1)心理委员要按照学校、学院的工作要求，组织班级同学参加校、院心理健康教育活动。

(2)定期组织开展班级的心理健康教育活动，并接受校、院的督导。

(3)向学院心理辅导员反馈班级同学的心理健康状态和心理健康教育活动的效果。

16.学生心理健康状况的普查怎样开展？

学生心理健康状况的普查分为新生入学初期的心理筛查和二、三、四年级的心理筛查。新生的心理测评由大学生心理健康教育咨询中心统一组织施测；其他年级的心理测评根据各学院实际需要在大学生心理健康教育咨询中心指导下施测。

17.学生心理健康状况的普查应注意哪些问题？

(1)测评前要对测评的目的、意义、测评结果的应用等向学生进行解释说明，以消除学生的顾虑。

(2)每种测评问卷都有其适用群体和适用范围，在施测前一定要了解测评的信度和效度。

(3)测评问卷只能测评一定时间段内学生的心理状态，超出此时间段的要重新施测。

(4)不按照或未严格按照测评指导语进行施测，将会导致测评结果失真。

(5)对谎言成分过高或测评结果明显与学生日常状态不符的要组织学生重新进行测评。

(6)对学生测评后针对结果产生的疑问要给予科学的解释,对测评结果要进行保密。

18.学生心理健康状况的普查结果应用应注意哪些问题?

(1)测评结果的解释和使用要结合学生现实状态,避免测评全能论和无用论两个极端。

(2)对筛查出的有一定心理问题的学生要进行约谈,进一步了解其心理具体状态。

(3)对筛查出的有心理问题倾向的学生,如尚不明确,可以进一步选取针对性量表进行测量确定,也可以对学生进行约谈了解其状态。

(4)对存在心理问题或心理问题倾向的学生,除通过测评和约谈学生本人外,还要结合学生日常生活、学习中的表现,以及周围同学对其的评价和反馈进行判断。

(5)对存在心理问题或心理问题倾向的学生,要通过约谈或与家长联系等适当的方式,了解其既往病史、家族病史和成长史。

(6)对每次测评都重复出现问题的学生一定要纳入重点关注范围,进行持续的约谈和观察。

19.特殊群体学生排查要覆盖的范围是什么?

(1)特殊群体的排查要覆盖到心理测评结果异常、特殊家庭(包括特殊家庭和亲子关系状况)、人格缺陷、学业困难、经济贫困、人际关系紧张、情绪情感问题、身体状况异常、存在创伤成长史、有宗教信仰等各个方面。

(2)对新生要进行逐一排查,排查过程中可针对心理测评结果、家庭情况、亲子关系、自我认知、适应能力、成长中的重要事件等进行摄入性谈话,以掌握学生基本心理情况。同时可以通过班主任、班级助理、学业导师、班级干部等对学生的反馈信息多方面了解学生情况。

(3)对二、三、四年级学生排查时还要结合学生在学习、生活等方面的表现,对心理测评多次异常、遭受重大创伤和挫折、自我要求较高、偏执型人格、敏感情绪化等学生要进行重点关注。对行为和情绪明显与平时一贯状态不同的学生要予以重点关注。

(4)特殊群体排查应做到实时、全面、准确,同时在学期初、学期末、假期(指留校学生)、重大事件(包括社会事件和个人事件)前后的时间点等时段进行重点排查和关注。

(5)特殊群体的排查和关注除应覆盖现实空间外,对学生在网络平台的言论同样要进行密切的关注。

20.特殊群体学生关怀和干预要注意哪些问题?

(1)特殊群体学生关怀和干预要以全面了解特殊群体情况为前提,关怀和干预措施要充分考虑和尊重学生本人意愿,充分理解和共情学生。

(2)特殊群体学生关怀和干预工作要以建立良好的支持性关系为首要任务,从他们信任的亲属、老师和同学中选取信息联络和帮扶人员,帮助学生重构社会支持系统。

(3)特殊群体学生的关怀和干预要循序渐进、细致入微、持之以恒,避免说教式和强迫式的工作方式。

(4)特殊群体学生的关怀和干预要坚持解决实际问题和解决心理问题相结合的原则,帮助学生缓解压力,避免因压力过大导致问题的恶化或出现应激反应。

(5)每一名特殊群体学生的关怀和干预要至少选定两名信息联络和帮扶人员,实时跟踪其状态,及时进行有效干预,并将帮扶情况反馈至辅导员。

21.什么情况下需将特殊群体学生进行转介?

(1)对纳入心理咨询范畴的特殊群体,学院应及时转介给校大学生心理健康教育咨询中心,并提供学院了解到的全部情况。在学生接受心理咨询期间,学生所在学院相关辅导员、指定的信息联络员和帮扶人员要密切关注该生状态,及时向校心理健康中心进行反馈。

(2)对具有严重心理问题,经心理咨询中心专职教师分析评估后认为,学生有心理疾病的可能,或无法明确诊断的,应及时转介到医院就医。将有关情况上报给学校,并第一时间以妥善的方式告知家长。

(3)应收集特殊群体学生以往就医资料,做好相关的记录和资料备份。

22.个体咨询如何开展?

(1)校大学生心理健康教育咨询中心组织心理专兼职教师对学生进行个体咨询的约谈和咨询。

(2)学院心理辅导员和相关辅导员负责协助心理咨询中心对排查出的特殊群体进行邀约,并根据具体情况推介学生进行个体咨询;对接受个体咨询学生的基本情况进行了解,并实时关注学生的动态,及时向心理咨询中心进行反馈。

(3)校、院、班级要广泛宣传心理健康知识，使学生对心理咨询有正确的认识，了解大学生心理健康教育咨询中心的职能，明晰心理咨询的程序和咨、访双方的责任、权利和义务。

(4)个体咨询要覆盖到排查出的所有特殊群体。个体咨询除接受学生的主动来访之外，还应对特殊群体排查出的个案进行邀约。初始访谈由学院协助校大学生心理健康教育咨询中心完成。

(5)在心理测评后、学期初、学期末、重大事件(包括社会事件和个人事件)前后的时间点等时段进行重点邀约。

(6)除邀约的学生外，其余学生咨询前要进行预约。个体咨询前填写来访者基本信息表；咨询过程中，咨询师要注重咨询关系的建立和咨询技术的合理使用；咨询结束后咨询师填写咨询记录表。咨询遵循保密原则。

(7)学院要协助校大学生心理健康教育咨询中心定期对咨询过的个案进行回访和咨询效果评估，根据评估对咨询方案进行调整或转介。

(8)咨询师每学期至少要撰写一篇咨询案例，校大学生心理健康教育咨询中心定期组织相关人员对咨询过的案例进行研讨和交流。

23.团体心理辅导如何开展?

团体心理辅导是在团体情境中提供心理帮助与指导的一种心理辅导的形式。开展团体心理辅导要侧重通过团体内人际交互作用，促使个体在交往中通过观察、学习、体验，认识自我、探讨自我、接纳自我，调整和改善与他人的关系，学习新的态度与行为方式，以发展出良好的生活适应的助人过程。

(1)心理咨询中心每学期根据学生需求，负责组织面向全校学生招募的团体心理辅导。

(2)学院根据本学院的实际情况，每学期组织至少一个主题的团体心理辅导；并指导和培训班级心理委员开展班级团体辅导。

(3)大一至大三的班级每学年至少组织一次班级团体心理辅导。新生班级的团体心理辅导应以增进同学间的相互了解、提高班级凝聚力、增强环境适应能力等为主旨的活动类型的团体辅导。大二、大三的班级可以开展以自我认知、人际交往、情绪调节、学习管理、压力缓解等为主题的班级团体心理辅导。

(4)团体心理辅导的带领者在团体互动中发现的问题个体要予以关注，并将其详细情况反馈给上一级督导，以便进一步进行排查和处理。

24.什么是心理危机和心理危机干预?

心理危机是指由于突然遭受严重灾难、重大生活事件或精神压力,使生活状况发生明显的变化,尤其是出现了用现有的生活条件和经验难以克服的困难,以致使当事人陷于痛苦、不安状态,常伴有绝望、麻木不仁、焦虑,以及植物神经症状和行为障碍。心理危机干预是指针对处于心理危机状态的个人及时给予适当的心理援助,使之尽快摆脱困难。

25.如何进行心理危机的预防?

大学生心理危机的产生除了受重大生活事件影响、人际交往障碍等诱因影响外,还受个体对事件的知觉、社会心理支持、应对机制、个体人格特征四个因素的影响。因此可通过以下途径进行心理危机的预防:

(1)开展心理健康教育活动,丰富学生心理学知识,增强他们心理保健意识,端正他们对心理咨询的看法,引导他们主动寻求帮助,缓解负性的情绪,避免因心理问题加重而导致心理危机的发生。

(2)开展心理素质训练,提升大学生心理调适能力,通过各种途径锻炼他们的意志、训练他们的心理素质,使他们保持心理健康。

(3)开展大学生心理辅导和心理咨询工作,通过各种辅导形式,对大学生的独立生活及社会环境的适应、学习与社会工作关系的处理、人际交往的适应、恋爱问题的处理等多方面进行指导与帮助。

(4)重视并开展大学生心理咨询工作,通过语言、文字等媒介,给咨询对象以帮助、启发和教育,解决其在学习、工作、生活、疾病、康复等方面出现的心理问题。

(5)此外,对易产生心理危机群体:性格偏执、内向孤僻、不合群、敏感、争强好胜的学生,特殊家庭、亲子关系不良、存在人际交往障碍等社会支持系统薄弱的学生,认知和行为方式单一、偏狭的学生,本身具有心理问题和心理问题倾向的学生,要格外加强心理支持和干预,以提高其对危机事件的耐受力和应对能力。对易产生心理危机的时间节点:新生第一学期的首门考试、学籍处理前后、毕业前夕、考研前后、重大评奖评优等特殊时段,要加强对学生状态的排查,并做好危机干预预案。

26.怎样区分心理障碍和心理疾病?

确定学生的问题属于心理障碍还是心理疾病,需要专业人员进行判断,一般情况下,可以通过以下方法简单地加以区分。

心理障碍几乎是人人都可能遇到,如失恋、考试不及格、人际关系冲突等造成的情绪波动、失调，一段时间内不良心境造成的兴趣减退、生活规律紊乱甚至行为异常等，这些由于现实问题所引起的情绪障碍，称为心理障碍。这些心理障碍大多数可以通过自我调节或求助于亲朋好友、父母老师等帮助调节，调节无明显效果时就需要寻求心理咨询师的帮助。

心理疾病是一种病，是指一个人由于精神上的紧张和干扰，而使自己思维上、情感上和行为上，发生了偏离社会生活规范轨道的现象。心理疾病需要进入专业医院，由心理专科医生进行治疗。病与非病常采用郭念峰的三原则法进行初步的判断：(1)主观世界与客观世界统一性原则；(2)精神活动内在一致性原则；(3)个性的相对稳定性原则。

27.大学生常见心理疾病的种类和主要表现是什么？

确定学生的问题属于哪种心理疾病，需要专业人员进行判断，一般情况下，可以通过以下方法简单地加以区分。

(1)焦虑症。焦虑症是一种常见的神经症。当学生进入新的环境，各方面都要重新开始适应和调整。如果对自己期望过高，压力过大，凡事患得患失，时间长了，就会产生持续性的焦虑、不安、担心、恐慌，并且还伴有明显的运动性不安以及各种躯体上的不舒适感。患有焦虑症的人，在其性格上也有一定的特点，大多胆小，做事瞻前顾后，犹豫不决，对新事物、新环境适应能力差，遇上一定精神刺激，就很容易患焦虑症。患有焦虑症的人，常感到无明显原因、无明确对象、游移不定、范围广泛的紧张不安；经常提心吊胆，却又说不出具体原因。患者过分关心周围事物，注意力难以集中，从而使工作和学习效率明显下降。对焦虑症，一方面可进行药物治疗，一方面可进行心理训练，如各种自我松弛训练、生物反馈疗法等，都有一定的效果。

(2)抑郁症。抑郁症是大学生中常见的一种心理障碍。主要表现为悲伤、绝望、孤独、自卑、自责等，把外界的一切都看成“灰暗色”的。有的学生对枯燥的专业学习不感兴趣，对刻板的生活方式感到厌烦，为自己学习或社交的不成功而灰心丧气，陷入抑郁悲观状态。长期的抑郁状态会导致思维迟钝、失眠、体力衰退等，对个体危害是很大的。大学生抑郁症比例较高，这主要是由于需求动机过高、对环境缺乏客观认识、对自身行为的合理性和可能性了解得不够深刻、对挫折的承受能力与心理防卫机能不成熟、不完善等原因造成。一般来讲，神经性抑郁症患者在病前大多能找到一些精神因素。如生活中的不幸遭遇，学习中遇到重大挫折和困难，在公共场合中自尊心受到严重伤害，等等。该症的发生与性格也有一定的关系。自尊心一向很强的人，在受到挫折后，很容易产生失望；自卑心一向很强的人，在受到挫折后，很容易因感到自卑而发病。性格不开朗、多愁善感、敏感性强、依赖性强的人，在精神因素作用下，也容易导致忧郁症的发生。抑郁状态的缓解，可以采用以下几种方法：一是学会将自己的忧伤、痛苦以恰当的方式宣泄出来，以减轻心理上的压力；二是多与其他同学交往，尝试从另一个角度看待自己所面临的问题，开阔视野；三是有意识地参加一些实实在在的活动，如体育锻炼、文化娱乐活动等，将自己从苦恼中解脱出来；四是接受必要的药物治疗。

(3)强迫症。强迫症是指患者在主观上感到某种不可抗拒和被迫无奈的观念、情绪、意向或行为存在。患有强迫症的人，明知某种行为或观念不合理，但却无法摆脱，因而非常痛苦。这种症状大多是由强烈而持久的精神因素及情绪体验诱发而来的，与患者以往的生活经历、精神创伤或幼年时期的遭遇有一定的联系。患强迫症的大学生多与其性格缺陷有关，如缺乏自信，遇事过分谨慎，生活习惯呆板，墨守成规，常怕出现不幸，活动能力差，主动性不足，等等。强迫症的根治是比较困难的。行为疗法对强迫动作有一定效果。向患者解释精神生活中的各种知识，增强他们的自信心，对缓解症状有一定效果。

(4)神经衰弱。神经衰弱也是大学生中极为常见的心理障碍。它的特点是容易兴奋，迅速疲倦，并常常伴有各种躯体不适感和睡眠障碍。引起神经衰弱的原因，是长期存在的某些精神因素引起大脑机能活动的过度紧张，使精神活动的能力减弱。有易感素质和不良性格特征的人，更易患神经衰弱。大学生神经衰弱的发生，主要是缺乏面对现实的勇气和良好的适应能力造成的，如学习负担过重、个体自我调节失灵，对社会、对人生思虑过多，在家庭问题上、恋爱问题上犹豫徘徊等。所有这些，在患者头脑中产生强烈的思想冲突，使得神经活动过程强烈而持久地处于紧张状态，超过了神经系统本身的张力所能忍受的限度，从而引起崩溃和失调。对神经衰弱的学生，合理安排作息时间，适当参加娱乐活动和体育锻炼，并进行必要的心理治疗，一般可以收到较好的效果。

28.同性恋问题的干预处理要点有哪些？

同性恋问题的干预处理主要包括同性恋学生的心理辅导和艾滋病的预防两方面。同性恋学生的心理问题主要产生于自我认同和社会认同困难、恋爱中的情绪反应、对性爱前景的迷茫和担忧等方面。在处理的过程中应注意以下问题：

(1)同性恋学生一般求助愿望较弱、阻抗心理严重,因此在心理辅导过程中要以建立良好的沟通关系为前提,保持价值中立,避免价值判断,要做到无条件尊重当事人,消除其阻抗。

(2)要遵循保密原则,增加当事人的信任感。对知情的同学和老师要做好引导,避免歧视和嘲笑当事人而激发当事人的情绪。对当事人的家人要采取谨慎、稳妥的沟通方式,与家长沟通要事先与当事人进行协商,取得当事人的同意后还要根据家长的接受能力和可能反应方式,帮助当事人和家长以正确的方式进行沟通。

(3)利用危机干预的心理支持技术,帮助当事人疏解被压抑的负性情绪,给予当事人充分的理解,改善当事人对同性恋的认知,化解其内心矛盾,增加其自我认同。

(4)帮助假性同性恋同学进行识别和区分,并做好心理干预工作。

(5)对同性恋学生的生活和情感状态要给予密切的关注,并向同性恋学生介绍性卫生知识和艾滋病的防范措施。

七、就业创业(以山东省为例,仅指非师范类高校毕业生)

1.高校毕业生就业手续

(1)毕业生就业情况登记

毕业生与用人单位以签订就业协议、签订劳动合同、科研助理、应征入伍、国家基层项目、地方基层项目、自主创业、自由职业、其他录用形式就业,或以升学、出国(出境)形式深造,以及待就业(指有就业意愿尚未就业)和暂不就业(指不就业拟升学或其他暂不就业)的,需登陆“山东高校毕业生就业信息网”(www.sdgxbys.cn,以下简称“信息网”)登记有关信息。

(2)毕业生就业方案确认

各高等院校编制的毕业生就业方案,应当由毕业生本人网上确认,省级毕业生就业主管部门(省人力资源社会保障厅,下同)不再进行审核。非师范类高校毕业生,登录“信息网”完成确认。

(3)毕业生就业手续办理

①山东省毕业生到山东省设区的市、县(市、区)行政机关、企事业单位就业的,其就业手续由单位所在地毕业生就业主管部门办理。

②山东省毕业生到外省、市、自治区单位就业的,其就业手续由省级毕业生就业主管部门办理。

2.毕业生就业使用电子报到证

山东省普通高等院校自2020届毕业生开始统一使用电子报到证。根据《中华人民共和国电子签名法》《国务院关于在线政务服务的若干规定》(中华人民共和国国务院令第716号)的相关规定,电子报到证和纸质版报到证具有同样的法律效力,毕业生实名认证通过后,即可办理电子报到证的相关业务。非师范类高校毕业生办理电子报到证由山东省人力资源和社会保障厅负责。

(1)电子报到证签发、使用范围

电子报到证签发、使用范围为我省2020届及以后的毕业生(含结业生),其中不毕业、缓派、升学的毕业生不签发报到证。

2020年试行纸质报到证与电子报到证并行模式,为毕业生签发电子报到证的同时发放教育部制式纸质报到证,纸质报到证由省级毕业生就业主管部门统一打印;2021年全面推行电子报到证,如毕业生有其他特殊情况,可通过网上申请,并提供相应材料明细,由省级毕业生就业主管部门按照教育部规定进行审核确认后,发放教育部制式纸质报到证。

2019年以前签发的纸质报到证,仍按原规定办理。

(2)离校前主要业务流程

毕业生本人在“信息网”确认电子报到证信息后,由毕业学校审核。学校在审核确认本校毕业生就业方案后,由省级毕业生就业管理部门生成毕业生报到证信息库,并根据报到证信息生成带有省级毕业生就业主管部门电子签章的电子报到证。

电子报到证按照一证一码原则生成二维码,通过扫描二维码验证、识别报到证真伪及相关报到信息。电子报到证可以打印为纸质报到证。

省级毕业生就业主管部门可以通过系统监测报到证打印进度。“信息网”自动记录电子报到证被下载、打印、变更等情况。

3.毕业生离校后相关手续的办理

(1)就业报到或者实名登记

未就业毕业生离校后,应当在报到期限(三个月)内,在“信息网”上办理实名登记等手续。

(2)调整改派

毕业生离校后因就业单位信息变动需要变更报到证记载信息内容的,称为调整改派,包括离校未就业毕业生确定就业单位和离校时已确定就业单位毕业生变更就业单位。毕业生在择业期内(自毕业之日起三年内)原则上可以办理调整手续，两年内可以办理改派手续。

毕业生可通过“信息网”微信公众号或小程序申请办理调整改派，直接在网上领取加盖电子签章的电子报到证，并自行下载或打印纸质报到证。下载或打印新报到证的同时，原报到证自动注销作废。

(3)调整改派的审核权限

需要调整改派的，由就业单位所在地毕业生就业主管部门负责审核；与原用人单位解除就业协议、劳动合同后回户籍地的，由户籍地毕业生就业主管部门负责审核；省内高校毕业生在外省落实用人单位的，由省级毕业生就业主管部门负责审核。

各级毕业生就业主管部门应在接到申请的3个工作日内完成审核。其中省内中央驻鲁机关、企事业单位和省直机关、企事业单位由单位所在地设区的市毕业生就业主管部门办理；其他单位由所在地县（市、区）毕业生就业主管部门办理，档案托管由所在地县（市、区）公共就业和人才服务机构或教育局办理。

(4)报到证遗失补发

2020届及以后毕业生（含结业生）的教育部制式纸质报到证遗失后，不再办理补发手续。

(5)放弃升学办理报到证

省内院校毕业生在就业方案中列为升学的，不签发报到证。毕业生放弃升学后提出就业申请的，经省级就业主管部门审核后可以补发升学前学历的报到证。

(6)结业生办理报到证

为结业生签发电子报到证，应在报到证各注栏内注明“结业”字样。结业生考试考核合格，经院校同意毕业并颁发毕业证书的，经省级就业主管部门审核后可以换发报到证。

(7)延期毕业办理报到证

省内高校毕业生在就业方案中列为不毕业的，不签发报到证。后经院校同意毕业并颁发毕业证书的，经省级就业主管部门审核后可以补发报到证。

(8)报到证记载信息的修改

毕业生就业方案确定后，报到证的有关信息原则上不得修改，因特殊情况需要修改的，经省级就业主管部门审核后可以修改。

(9)户口迁移与落户

毕业生在办理户口迁移和落户手续时,可用电子报到证代替纸质报到证。

4.提供电子报到证查询服务

毕业生就业主管部门、高等院校、毕业生本人和用人单位均可以通过“信息网”查询省内高校毕业生电子报到证的相关信息。

各级机关、企事业单位在招聘高校毕业生及各级公共就业和人才服务机构在办理高校毕业生就业服务事项时,应登陆“信息网”,核实毕业生最新就业信息。

5.毕业生档案的派送

毕业生到具有档案管理权限的国家机关、事业单位、企业就业的,毕业生档案按单位注册信息派送到档案管理单位。

毕业生到不具有档案管理权限单位就业的,单位应办理档案集中托管,毕业生档案派送到档案托管单位,单位未办理档案集中托管或自主创业、自由职业的毕业生,可由毕业生自主选择将个人档案派送回户籍地或就业、创业所在地的县(市、区)公共就业和人才服务机构或教育局办理个人档案托管。

毕业生未落实就业单位有意愿回户籍地就业的,毕业生个人档案应派送到户籍所在地的县(市、区)公共就业和人才服务机构或教育局托管。

各地公共就业和人才服务机构应积极开展毕业生个人档案托管业务,为在本地就业、创业的毕业生办理个人档案托管服务。

各高等院校、各地公共就业和人才服务机构应严格遵守档案管理规定,严禁毕业生本人携带档案。

6.出省就业和来鲁就业

到山东省外就业的山东高校毕业生,在择业期内可通过网上申请,并提供相应材料明细,由省级毕业生就业主管部门按照教育部规定进行审核确认后,发放教育部制式纸质报到证。

7.就业创业类课程安排

具体课程安排如表 2-3 所示。

表 2-3　　就业创业类课程安排

学年	大一		大二		大三		大四	
学期	1	2	3	4	5	6	7	8
本科		大学生职业发展与就业指导Ⅰ	大学生创业基础			大学生职业发展与就业指导Ⅱ		
专科		大学生职业发展与就业指导1	大学生创业基础	大学生职业发展与就业指导2				

(1)《大学生职业发展与就业指导》

本课程共 32 学时,2 学分。具体分四部分内容授课。

第一部分:结合新生入学专业教育,帮助学生树立职业生涯规划意识,以讲座、报告会等形式举行,共 4 学时,由各二级学院在本专科第一学期主导实施。

第二部分:“职业生涯规划”专题,本专科课程名称分别为“大学生职业发展与就业指导Ⅰ”和“大学生职业发展与就业指导 1”,共 12 学时,由大学生就业指导中心在本专科第二学期主导实施。

第三部分:“就业指导”专题,本专科课程名称分别为“大学生职业发展与就业指导Ⅱ”和“大学生职业发展与就业指导 2”,共 12 学时,由大学生就业指导中心在本科第六学期、专科第四学期主导实施。

第四部分:通过举办就业指导报告会、专家讲座等形式帮助学生掌握就业技巧,提升就业能力,共 4 学时,由各二级学院在本科第七学期、专科第三学期主导实施。

(2)《大学生创业基础》

共 32 学时,2 学分,由大学生就业指导中心在本专科第三学期、专升本班级第一学期主导实施。

八、党建工作

1.学生提交入党申请书的条件是什么?

《中国共产党章程》规定:“年满十八岁的中国工人、农民、军人、知识分子和其他社会阶层的先进分子，承认党的纲领和章程，愿意参加党的一个组织并在其中积极工作、执行党的决议和按期交纳党费的，可以申请加入中国共产党。”

2.学生撰写入党申请书的要求是什么？

入党申请一般应由本人通过书面方式提出。申请书的内容主要包括：对党的认识和入党动机；自己的政治信念、成长经历、家庭成员及主要社会关系，以及思想、工作、学习、作风等方面的情况；表明自己要求入党的决心和今后的打算。

3.入党积极分子应具备的条件是什么？

一般情况下，入党申请人递交入党申请书至少6个月、具备入党积极分子条件，才可以被推荐和确定为入党积极分子。入党积极分子的推优条件，重点把握“五个积极”标准：

(1)政治表现积极。积极拥护和执行党的路线、方针、政策，认可党的理论、宗旨、理想，在思想上、政治上、行动上积极向党组织靠拢。

(2)理论学习积极。积极学习马克思列宁主义、毛泽东思想、邓小平理论、“三个代表”重要思想、科学发展观、习近平新时代中国特色社会主义思想，自觉强化理论武装。

(3)专业学习积极。学习态度端正，刻苦认真，最近一次学业成绩和综合素质测评成绩排名，原则上均不低于本专业或本班级人数的50%。

(4)工作实践积极。积极承担学校安排的各项工作，做好班级服务工作、宿舍文明建设工作、学生组织工作以及志愿服务等，积极参加集体活动，参与社会实践，取得一定工作业绩。

(5)明德守纪积极。具有良好的个人品德，作风正派，团结师生，有一定积极的影响力和号召力，遵守各项法律法规和校规校纪，未在处分期内。

4.如何对入党积极分子进行培养教育考察？

(1)党支部培养教育。党支部根据入党积极分子思想、工作实际，采取经常性地谈心谈话、吸收入党积极分子听党课、参加党内活动、分配一定的社会工作、集中培训等方法，有计划、有针对性地对入党积极分子进行培养教育。

(2)党组织考察。党支部每半年对入党积极分子进行一次考察，重点考察入党动机、政治觉悟、道德品质、工作学习情况和现实表现等，特别注意是否对党忠诚老实、言行一致。

党支部要对入党积极分子实行动态管理，有下列情形之一者，应当调整出入党积极分子队伍:发表不当政治言论,造成不良社会影响影响的;理论学习不积极,无故不参加“党的基本知识”公选课考试或连续两次考试不合格的;学习成绩大幅下滑,2门及以上课程考试不合格的(公选课除外);对待组织安排的工作消极怠工、敷衍了事造成严重后果的;考察期内有违法行为或受到记过及以上纪律处分的;其他由支委会研究讨论不宜继续培养考察的情况。被调整出入党积极分子队伍的入党申请人,待符合入党积极分子标准条件后,党支部可按照程序重新将其确定为入党积极分子。

5.如何确定发展对象?

经过1年以上培养教育和考察,完成了规定内容的教育培训,基本具备党员条件,准备近期发展的入党积极分子,可列为发展对象。入党积极分子确定为发展对象,应重点把握“五个先进”标准:

(1)政治素质先进。坚决拥护和执行党的路线、方针、政策,树立牢固“四个意识”、坚定“四个自信”、坚决做到“两个维护”,决心为共产主义奋斗终身。

(2)思想理论先进。认真学习党的基本知识、中国特色社会主义理论体系,坚持用习近平新时代中国特色社会主义思想武装头脑,对党的先进理论真学真懂、真信真用。“党的基本知识”公选课成绩合格。

(3)专业学习先进。学生入党积极分子学习成绩突出,原则上最近一次学业成绩和综合素质测评成绩排名,分别不低于本专业或本班级人数的50%和30%,且无课程考试不合格情况(公选课除外)。

(4)工作实践先进。能够圆满完成组织交办的各项工作任务,履职尽责、恪尽职守,积极开展生产劳动、社会调查、志愿服务等社会实践,为师生热心服务,具有较强的奉献精神和社会责任感,工作业绩突出。

(5)明德守纪先进。自觉修身养德,提高思想品德素质,始终保持严谨务实和艰苦奋斗的优良作风,严格遵守各项法律法规和校规校纪。培养考察期内未受到任何纪律处分。

虽未达到上述专业学习标准的,但在实际工作、学习、生活中有突出表现,或思想道德方面有突出榜样示范作用,或在创新创业、学科竞赛、社会实践等领域表现突出获省级及以上荣誉,或在校内外事务或突发事件中有重大立功表现,或为学校争得重大荣誉的,经支委会研究报上级党组织审批,也可批准确定为党员发展对象。但学生入党积极分子最近一次学业成绩和综合素质测评成绩排名均不得低于本专业或本班级人数的50%。

确定发展对象的一般做法:党支部认真听取党小组、培养联系人、党员和群众意见。支部委员会讨论同意，确定发展对象人选。

6.如何开展党员日常教育管理？

《中国共产党党员教育管理工作条例》第四章“党员日常教育管理主要方式”中对如何开展党员日常教育管理提出明确要求，结合学生实际情况，简要概括如下：

(1)党支部应当运用“三会一课”制度，对党员进行经常性的教育管理。党员应当按期参加党员大会、党小组会和上党课，进行学习交流，汇报思想、工作等情况。

(2)党支部应当每月开展1次主题党日，贴近党员思想和工作实际，组织党员集中学习、过组织生活、进行民主议事和开展志愿服务等。

(3)党员应当按期交纳党费。党组织应当做好党费收缴、使用和管理工作。

(4)党支部每年至少召开1次组织生活会，也可以根据工作需要随时召开，一般以党员大会、党支部委员会会议或者党小组会形式进行。

(5)党支部一般每年开展1次民主评议党员。党支部召开党员大会，按照个人自评、党员互评、民主测评的程序，组织党员进行评议。党支部委员会会议或者党员大会根据评议情况和党员日常表现情况，提出评定意见。民主评议党员可以结合组织生活会一并进行。

(6)学校党委或学院党总支每年应当组织党员集中轮训，主要依托学校党校、二级学院分党校等进行。根据事业发展和党的建设重点任务，结合本地区本部门本单位中心工作和党员实际，确定培训内容和方式。党员每年集中学习培训时间一般不少于32学时。

(7)党组织应当按照党中央部署要求，组织党员认真参加党内集中学习教育，引导党员围绕学习教育主题，深入学习党的创新理论，查找解决自身存在的突出问题。

(8)党组织应当充分发挥党员的先锋模范作用，结合不同群体党员实际，通过树立、学习身边的榜样，设立党员示范岗、党员责任区，开展设岗定责、承诺践诺等，引导党员做好本职工作，干在实处、走在前列，创先争优，在联系服务群众、完成重大任务中勇于担当作为，做到“平常时候看得出来，关键时刻站得出来，危急关头豁得出来”。鼓励和引导党员参与志愿服务。党员应当积极参加党组织开展的志愿服务活动，也可以自行开展志愿服务活动。

九、共青团工作

1.共青团工作包含哪些基础工作？

共青团是中国共产党领导的先进青年的群团组织，高校共青团工作是对第一课堂育人的补充，是全员全方位全过程育人的重要组成部分。主要工作有：(1)团学组织建设指导，包括学生组织和团的各级基层组织建设指导，学生干部的选拔与管理；(2)思想引领，包括主题教育、学生思想引导、思想动态调研、榜样库建设和宣传；(3)校园文化、艺术、体育等组织开展；(4)大学生志愿服务工作；(5)大学生社会实践及见习就业等实践类工作；(6)学生社团工作。

2.学生团学组织和团学干部主要包括哪些？

高校团学干部是学校党政领导联系学生的桥梁和纽带，是高校开展学生工作的得力助手。我校学生团学组织特指校团委、各学院团总支、团支部和校学生会、社团联合会、国旗护卫队、新媒体中心、院学生会、班委会等，我校团学干部特指在学生团学组织、学生社团组织等任职的学生。

3.团学组织的管理工作要求和规范包括哪些？

各级团学组织应该有相应对口的部门对其工作进行指导，如学生会应该按照《全国学联学生会组织改革方案》制定《山东青年政治学院学生会组织改革方案》，依法依章程独立自主开展工作。学校各级学生会组织，由同级团委归口指导，由团委书记或副书记担任学生会的秘书长。校、院两级学生社团的管理都严格执行《山东青年政治学院学生社团管理办法》。校团委统筹管理支持引导全校社团学生社团规范发展，全校所有学生社团应该严格执行社团登记和年检制度，各学院、学校各相关部门按照“谁指导，谁负责”的原则，加强对所属学生社团的指导和管理。

4.学生干部培训的目的、要求和主要内容是什么？

(1)培训的目的是引导团学干部自觉树立正确的理想信念和政治立场，坚定中国特色社会主义道路自信、理论自信、制度自信、文化自信，成长为忠实的青年马克思主义者；提升学生干部的政治敏锐性、历史使命感和责任担当意识，引导学生骨干成为贯彻学校各项工作的桥梁纽带、建设和谐校园的重要力量。

(2)学生干部培训的主要内容包括政治理论、管理服务、组织领导、实践创新等方面，引领学生树立服务意识和精英意识，努力在未来成长为各行各业的领袖人才。培训内容具体设计应该包括以下几个方面：

①将理论学习和能力训练结合起来，一方面通过马克思主义经典著作解读、形势政策分析和社会思潮解析等，帮助学生干部从学术、历史和现实三个维度看待问题。另外一方面，可以增加案例分析、参观学习等环节，逐步加深学生干部对科学理论的理解。

②将组织短期集中培训和定期学习交流相结合。一方面，根据工作目标要求和学生实际需求，开展系统性的集中培训；另一方面，学校和学院联动，搭起横向纵向不同的交流空间，促进学院学生干部之间和院校学生干部之间的互动交流，扩展工作视野，了解工作动态，掌握科学方法。

③将专项研讨和技能比赛相结合，形成定期的专项工作研讨，增加学生干部发现问题、分析问题、解决问题的能力，提高广度和深度。通过技能比赛，设计主题演讲、案例分析、活动策划等不同分项，以赛促学，增强互相学习、竞争合作的意识。

5."青马工程"是指什么？

"青马工程"是"青年马克思主义者培养工程"的简称，就是坚持不懈地用马克思主义中国化的最新成果武装青年，通过教育培训和实践锻炼等行之有效的方式，不断提高大学生骨干、团干部、青年知识分子等青年群体的思想政治素质、政策理论水平、创新能力、实践能力和组织协调能力，使他们进一步坚定跟党走中国特色社会主义道路的信念，成长为中国特色社会主义事业的合格建设者和可靠接班人。我校青年马克思主义者培养工程包含了团课建设、大学生骨干培训班等。

6."三会两制一课"是什么？

"三会两制一课"指的是支部团员大会、支部委员会、团小组会、团员教育评议制度、团员年度团籍注册制度和团课，是团的组织生活的基本制度。根据《中国共产主义青年团基层组织"三会两制一课"实施细则（试行）》，落实"三会两制一课"，是共青团保持和增强政治性、先进性、群众性的必然要求，是推进团要管团、从严治团的重要载体，是加强团员思想政治教育和自我教育、强化团员意识、提升基层团组织凝聚力和战斗力的制度保障。

开展好"三会两制一课"，对于教育引导团员增强政治意识、大局意识、核心意识、看齐意识，更加紧密地团结在以习近平同志为核心的党中央周围，具有重要意义。

7.团的支部大会主要任务和召开流程是什么?

(1)主要任务

团的支部大会是指由团的支部委员会召集的支部全体团员参加的会议。支部大会又称“支部团员大会”,是团支部的最高领导机构,在团支部中享有最高决策权、选举权和监督权。支部大会一般每季度召开一次,根据工作需要可随时召开。支部大会应做好会议记录并长期保存。支部大会结束后,团支部应当及时向上级团组织和同级党组织书面报告会议情况,内容包括大会时间、大会地点、团员出席情况、主要议程、讨论情况、选举结果、重要事项决议等。团的支部大会主要任务包括:学习党的理论,学习习近平总书记系列重要讲话精神;传达学习党的路线、方针、政策和团的政策文件、重要会议精神,传达同级党组织、上级团组织的决议、指示等,研究制定贯彻落实的计划和措施;听取和讨论支部委员会的工作报告,对支部委员会的工作进行审议和监督;选举新的支部委员会和出席上级团代会的代表,增补和罢免支部委员;讨论接收新团员;开展团员教育评议工作;研究决定对团员的奖励,推荐优秀团员作入党积极分子;讨论通过对团员的处分;决定除名要求退团和自行脱团的团员;开好团支部组织生活会;研究决定本支部其他重要事项。

(2)召开流程

没有选举任务的支部大会程序一般为:确定支部大会议题,提前通知全体团员;会议主持人报告本支部团员出、缺席情况;宣布会议议题,围绕议题进行民主讨论;对需要表决的事项逐个进行表决;宣布表决结果,形成支部大会决议;做好会议记录,会议结束后归档保存。有选举任务的支部大会程序根据有关规定进行。

8.团的支部委员的职责是什么?

团的支部委员会由支部大会选举产生,是支部在大会闭会期间的领导机构,在支部工作中发挥核心作用,负责支部的日常工作,向同级党组织、上级团组织和支部大会报告工作,接受审查和监督。支部委员会会议一般每月召开一次,根据工作需要可随时召开。支部委员会会议应做好会议记录并长期保存。记录内容包括会议时间、地点、委员出席情况、会议议题、每位委员发言摘要、通过的决议等。

(1)团支部书记的职责

主持团支部的全面工作;负责召集团的支部委员会和团员大会,传达、贯彻校党委和校团委的指示和决议,研究安排团的工作,将工作中重大问题提交委员会讨论；了解掌握团员青年的思想、工作、学习和生活等情况，发现问题及时解决，做经常性的思想工作；检查团的工作计划、决议的执行情况，按时向委员会和团员大会以及上级团委汇报工作；抓好委员会的自身建设，认真学习，按时开好生活会，加强团结，督促和帮助各个委员分管的工作；完成组织交办的任务与工作。

(2)组织委员的职责

负责团的组织和基础建设；掌握青年积极分子的情况，负责对积极分子进行培训、教育和考察，了解团员中入党积极分子的情况，做好推荐优秀团员作党的发展对象的有关具体工作；了解青年团员的思想、工作情况，建议委员会对团员青年进行表扬、奖励或批评、处分；搞好团员青年统计、团员团籍注册等日常管理工作，办理接转团组织关系和团员超龄离团手续；协助组织好团内各项活动，并负责活动考核工作；完成组织交办的其他任务和工作。

(3)宣传委员的职责

根据上级组织的指示和决议，在各项工作中开展宣传工作；提出宣传工作意见；组织团员和青年学习马列主义、毛泽东思想、中国特色社会主义理论体系，学习政治理论和时事政策及有关知识等；针对团员青年的思想状况，组织各种形式的教育和社会实践活动；负责信息反馈及通讯报道工作；负责团的各类文件、信息的归档管理工作；完成组织交办的其他任务和工作。

9.团的支部委员会会议主要任务是什么？

团的支部委员会会议的主要任务包括：学习党的理论，学习习近平总书记系列重要讲话精神；宣传和执行党的路线、方针、政策，学习团的政策和重要会议精神，执行同级党组织、上级团组织的决议、指示等；贯彻落实支部大会的决议和工作安排；研究制定团支部工作计划，起草工作报告；研究确定提交支部大会审议的议题；研究确定入团积极分子和团员发展对象；研究讨论支部团员教育评议意见，决定对团员奖励，研究提出团员处分意见；讨论检查支部自身建设工作，研究制定支部相关制度；研究解决支部、团员的问题和困难；开好团支部委员会组织生活会；研究其他需要支部委员会讨论决定和贯彻执行的事项。

10.团员教育评议制度、评议内容和流程是什么？

(1)团员教育评议制度是团的组织生活的重要组成部分，是加强团员队伍思想建设、严格团的纪律、规范团员管理的重要措施。团员教育评议采用学习教育、自我评价和组织评议相结合的方式，对团员的表现和作用发挥情况作出综合评价，达到激励团员、整顿队伍、纯洁组织的目的。教育评议的对象为全体团员。保留团籍的共产党员应积极参加党的组织生活，可不参加团员教育评议和年度团籍注册，自愿参加者不限。团员教育评议工作应当与团员年度团籍注册工作相结合，一般每年进行一次。

(2)团员教育评议的主要内容和流程为：团支部组织团员开展学习教育，每名团员围绕在评议年度内的个人表现和发挥团员作用情况等撰写自我评价材料；召开支部大会或团小组会议，每名团员根据学习教育情况和所准备材料进行自我评价；其他团员对其进行评议，肯定成绩、指出不足；以支部为单位对所有团员进行测评投票；支部委员会综合个人自评、团员互评和测评投票结果，结合团员日常表现，研究提出每名团员的建议评议等次，报上级委员会批准；做好评议结果的运用。

(3)对评议等次为优秀的团员，可在一定范围内进行公示，团组织应结合实际予以奖励。每年各级团组织评选表彰的优秀团员，一般应从上一年度评议为优秀的团员中产生。对于表现突出并积极要求入党的优秀团员，团支部应按照推荐优秀团员作入党积极分子的有关规定，及时向上级委员会推荐。

11.团员年度团籍注册要求是什么？

团员年度团籍注册是对团员团籍的连续认定，是团组织掌握和了解团员履行义务、参加活动情况的重要途径，是团员管理的关键环节。年度团籍注册以团支部为单位进行，团支部一般应在每年9月份，为团员办理年度团籍注册手续。学校团组织一般应在秋季开学后的一个月内完成团员注册工作。超过规定注册时间一年未注册的团员证，即为失效。

12.团课的主要内容是什么？

团课是团组织对团员进行系统教育，提高团员思想理论水平和政治素质的重要途径，是教育引导团员在本职岗位和社会生活中发挥模范带头作用的重要载体，是团组织的一项经常性重要工作。

团课的主要内容为：学习马克思列宁主义、毛泽东思想、中国特色社会主义理论体系，学习习近平总书记系列重要讲话精神；开展中国特色社会主义共同理想和共产主义远大理想教育，加强社会主义核心价值观教育和“中国梦”教育；学习党的基础知识、党的光荣历史和传统，宣传党的路线、方针、政策，学习团的基本知识、重要会议精神和重点工作部署；学习中华优秀传统文化、革命文化和社会主义先进文化；广泛开展近代史、现代史教育和国情教育，开展好民主和法制教育。

13.团日活动应该如何开展？

团日活动就是以团支部为单位进行的一系列有益于团员青年发展和团支部建设的活动，其活动围绕一定的主题展开。团日活动的现实意义是团结支部成员，并扩大支部影响力，加强支部与社会的联系，提升成员的整体素质。我校团日活动采取月初发布团日活动主题指南，学院团总支组织各团支部开展，团支部根据实际开展情况填写《团支部工作日志》。学院团总支和学校团委应对活动进行监督抽查。

14.班团一体化建设的主要内容是什么？

班团一体化建设即实行班级团支部与班委会一体化运行。我校具体要求是成立支部委员会，设书记、副书记、组织委员、宣传委员各1人，鼓励各学院结合学科专业特点和工作实际需要，面向创新创业、职业发展、权益维护等领域增设权益委员、实践委员、科创委员等，支部委员会每届任期1年，每学年换届选举1次。团支部书记兼任班长，其他委员可在班委会兼任职务。

团支部书记、支部委员名单应报上级团组织批准，并报学校团委组织部备案。班团一体化建设的目的是为了理顺团支部与班委会关系，突出班级团支部为核心的班集体建设，充分发挥团支部的政治核心作用、思想引领作用及模范带头作用，完善班团工作决策机制。

十、其他工作

15.应该如何开展校园文化品牌活动？

我校共青团坚持立德树人根本任务，聚焦大学生社会主义核心价值观培育，围绕学校办学定位，立足人才培养体系建设，努力打造适应社会发展需求、符合“青年政治”属性的校园文化品牌活动。大力加强大学生文化素质教育，开展丰富多彩、积极向上的学术、科技、体育、艺术和娱乐活动，把德育与智育、体育、美育有机结合起来，寓教育于文化活动之中，要善于结合传统节日、重大事件和开学典礼等，开展特色鲜明、吸引力强的主题教育活动。依托各学生组织和学生社团，结合时代特点、学科特色和学生需求开展校园文化品牌活动。目前我校的校园品牌活动有：大型演出活动包括迎新晚会、纪念“一二·九”学生爱国运动合唱比赛，“我最喜爱的教师”评选活动等。学院申报的品牌活动有：政治与公共管理学院志愿服务项目大赛、经济管理学院“百善孝为先”、信息工程学院“奋斗的青春最美丽”、会计学院“云映我志读书汇”、文化传播学院青春诗会、外国语学院“团说团话”共青团思想沙龙、现代服务管理学院礼仪文化大赛、舞蹈学院广场舞大赛、设计艺术学院“创赢青春”山东青年创意市集等。校学生会品牌活动有：国学达人挑战赛、校辩论赛、校园歌手大赛、“三走”体育文化月等。另外还有社团联合会的社团嘉年华、社团文化节、星级社团评比等。

16.学生科技创新工作的意义、目标、任务是什么？

为培养高素质的创新人才，增强学生的创新精神、创新意识，提高学生的实践和创新能力，鼓励大学生积极参加课外科技创新活动，学校多年来重视实践和探索，取得了一定成绩。学生科技创新工作开展的重心应放在学生创新意识和能力的培养，并在创新活动中给予适当的引导，促进学生能力的提高，使创新活动有效开展。我校学生创新工作的任务是：

(1)面向全体学生的创新意识唤醒。

(2)面向部分学生的创新团队建设。

(3)面向创新团队的能力训练和活动开展。

(4)面向优秀团队的重点项目培育和支持。

17.学生科技创新活动的资金支持有哪些？

学生参与科技创新项目的资金来源主要分四项：

(1)学校针对创新活动开展以及创新活动项目赛事培训设有部分组织活动经费。

(2)各学院教学和学生活动经费。

(3)校外资源拓展。

(4)学生自筹经费。

18.如何促进学生科技创新工作的顺利开展？

(1)积极鼓励教师参与学生科技创新活动指导，对优秀教师给予一定奖励。

(2)在低年级积极开展科技启蒙类讲座，通过大一年度项目、学生科技创新立项，引导学生积极参加到创新活动中；各学院根据专业特点举办各类科技创新比赛，鼓励学生跨年级跨学科组队参加，从而促进学校创新梯队的建设。

(3)将科技创新工作与班级建设和学风建设等活动相结合，培养学校的科技创新氛围，提高学生参与科技创新活动的意识，使双方面工作相辅相成，提高学生的整体积极性。

19.我校学生能参加哪些重要的创新创业类竞赛？

(1)“挑战杯”全国大学生课外学术科技作品竞赛

“挑战杯”竞赛是“挑战杯”全国大学生课外学术科技作品竞赛的简称，是由共青团中央、中国科学技术协会、教育部、全国学联和地方政府共同主办，国内著名大学、新闻媒体联合发起的一项具有导向性、示范性和群众性的全国大学生课外学术实践竞赛活动。自1989年首届竞赛举办以来，“挑战杯”竞赛始终坚持“崇尚科学、追求真知、勤奋学习、锐意创新、迎接挑战”的宗旨，在促进青年创新人才成长、深化高校素质教育、推动经济社会发展等方面发挥了积极作用，在广大高校乃至社会上产生了广泛而良好的影响，被誉为当代大学生科技创新的“奥林匹克”盛会。

(2)“创青春”全国大学生创业大赛

创青春是“创青春”全国大学生创业大赛的简称，是“挑战杯”中国大学生创业计划竞赛的改革提升。2013年11月8日，习近平总书记向2013年全球创业周中国站活动组委会专门致贺信，特别强调了青年学生在创新创业中的重要作用，并指出全社会都应当重视和支持青年创新创业。党的十八届三中全会对“健全促进就业创业体制机制”作出了专门部署，指出了明确方向。

为贯彻落实习近平总书记系列重要讲话和党中央有关指示精神，适应大学生创业发展的形势需要，共青团中央、教育部、人力资源和社会保障部、中国科协、全国学联决定，在原有“挑战杯”中国大学生创业计划竞赛的基础上，自2014年起共同组织开展“创青春”全国大学生创业大赛，每两年举办一次。

(3)中国“互联网＋”大学生创新创业大赛

互联网＋是中国“互联网＋”大学生创新创业大赛简称，大赛由教育部主办，旨在深化高等教育综合改革，激发大学生的创造力，培养造就“大众创业、万众创新”的生力军；推动赛事成果转化，促进“互联网＋”新业态形成，服务经济提质增效升级；以创新引领创业、创业带动就业，推动高校毕业生更高质量创业就业。大赛每年举办一届，首届举办时间为2015年。

“互联网＋”大赛分主赛道、青年红色筑梦之旅赛道、国际赛道，主赛道分创意组、初创组、成长组、就业型创业组，红旅赛道是第四届大赛新增设，主要瞄准乡村振兴和精准扶贫，国际赛道由国际赛道专家组会同全球大学生创新创业联盟(筹)择优遴选推荐项目。

20.开展大学生社会实践工作的意义和形式有哪些?

(1)意义

社会实践是大学生思想政治教育的重要环节,对促进大学生了解社会、了解国情,增长才干、奉献社会,锻炼毅力、培养品格,增强社会责任感具有不可替代的作用。在社会实践中深入学习贯彻习近平新时代中国特色社会主义思想,引领教育广大青年学生在切实感受新中国取得的巨大成就中增强"四个意识"、坚定"四个自信"、做到"两个维护",在志愿服务中增强责任感和使命感,在社会实践中受教育、长才干、作贡献,勇做担当民族复兴大任的时代新人,是全员全方位全过程育人的重要组成部分,对于培养中国特色社会主义事业的合格建设者和可靠接班人具有极其重要的意义。学校将社会实践纳入活动课程体系,对符合条件的同学给予社会实践活动积分认定。

(2)形式

我校大学生社会实践在学校"一强化两拓展"战略指导下,按照"目标精准化、工作系统化、实施项目化、传播立体化"和"按需设项、据项组团、双向受益"的原则,基本可以分为:①理论普及宣讲团;②国情社情观察团;③依法治国宣讲团;④教育关爱服务团;⑤文化艺术服务团;⑥美丽中国实践团。同时根据学校人才培养体系以及实际情况开设有不同的重点专项,比如"青春引擎"实践育人项目、山青学子服务山东经济社会发展项目等。

21.学生开展社会实践有哪些基本要求?

(1)社会实践选题要符合现阶段社会需求和学生成长的要求,以服务社会、增强自身能力为根本。

(2)学校和学院应坚持整合资源,调动校内外各方面积极性,努力形成支持大学生社会实践的良好局面。

(3)每个社会实践团队应安排至少一名指导教师,对社会实践过程的活动及安全进行全面把握,鼓励专业教师参与社会实践的过程性指导。

(4)社会实践过程中的一切活动应本着以安全为主的原则。

(5)社会实践结束后应对实践成果和经验进行整理、汇总并存档,以便对之后的社会实践活动提供指导。

(6)所有社会实践团队须经校(院)团组织申报立项后进行社会实践活动。

22.社会实践申请审批立项的材料有哪些?

社会实践审批材料应包括:

(1)社会实践立项申报书。

(2)社会实践策划书。

(3)实践地接收单位同意接收证明，如无指定接受地单位，应附详细文件说明，以佐证社会实践可顺利、安全完成，否则不予审批。

(4)所有实践队员签字的安全承诺书一份。

(5)已办理相关保险的证明文件(复印件)，所有社会实践的成员必须办理大于等于实践日期的保险，否则不予审批。

23.开展学生志愿服务活动的流程是什么？

为了更好的管理和规范志愿服务活动，校团委下设志愿服务部开展志愿服务管理与志愿者组织工作，各类志愿服务社团及其他组织举办志愿服务类活动都须进行申报审批制度，校团委审核通过后，学生进行报名参加。志愿服务组织(协会)或个人可参评志愿服务先进集体、志愿服务先进个人，并有机会参加相关省级、国家级志愿服务类大赛。

24.对学生志愿服务活动的基本要求是什么？

(1)在志愿服务活动中，发扬“奉献、友爱、互助、进步”的志愿者精神。(2)吃苦耐劳，以身作则，树立榜样的作用。(3)善于自我学习、自我批评和自我提高，在志愿服务过程中，虚心好学，学会发现问题，解决问题。(4)在志愿服务过程中强化安全意识、团队意识，遵守交通规则等制度，不迟到、不早退。未经老师或队长允许，不得擅自离队，如有特殊原因，应向带队老师或队长说明。

25.实施“第二课堂成绩单”的意义和原则是什么？

(1)意义

实施“第二课堂成绩单”是深入贯彻党的十九大精神和习近平总书记在全国高校思想政治工作会议上的重要讲话精神，贯彻落实《关于加强和改进新形势下高校思想政治工作的意见》《关于深化教育体制机制改革的意见》及《高校共青团改革实施方案》有关精神的必然要求。实施“第二课堂成绩单”是切实发挥共青团第二课堂服务高校立德树人根本任务和人才培养中心工作积极作用的重要途径。第二课堂是第一课堂之外的重要育人平台，是面向大学生加强思想政治教育和开展文化素质教育的重要阵地，是共青团组织服务学校育人中心工作和立德树人根本任务的重要领域。“第二课堂成绩单”制度是深化高校共青团改革的龙头项目，是高校共青团顺应教育体制机制改革的重要举措，对于推动高校共青团深度融入学校人才培养大局，充分发挥育人功能，提升工作系统化、科学化、规范化水平具有十分重要的实践意义。

(2)原则

①坚持融入教育教学大局。紧紧围绕高等学校人才培养中心工作，充分发挥第二课堂协同育人作用，深入推进第二课堂与第一课堂互动互补、互相促进，将第二课堂打造成为鼓励学生知识实践、技能拓展、素质养成的育人平台。

②坚持结合团的改革。将实施“第二课堂成绩单”制度作为团组织和团干部直接联系服务引领青年学生的重要抓手，作为统筹高校共青团改革，提升高校共青团吸引力凝聚力和扩大工作有效覆盖的重要载体。

③坚持遵循科学规律。依据和遵循人才培养规律、高等教育规律、青年成长发展规律，尊重和研究青年学生学习成长成才中产生的客观需求，进行系统科学的工作谋划。

④坚持基层主体地位。以高校团委为实施主体，鼓励高校团委结合学校工作实际，在内容设计、平台建设、工作实施等方面积极探索、开拓创新。

⑤坚持工作务实有效。本着忠于事实、便于操作、易于推广的原则，在工作设计中体现科学实用、重视学生体验、避免求大求全。

26.“第二课堂成绩单”与我校“活动课程”设置有哪些？

“活动课程”是我校“第二课堂成绩单”的实施基础，本质上是对第二课堂活动的分类整合和体系构建，是为贯彻落实中央党的群团工作会议、全国高校思想政治工作会议和全国高校共青团思想政治工作会议精神，构建完善我校“三位一体”人才培养体系，全面提高人才培养质量，根据《山东青年政治学院关于制订 2019 年版本科专业人才培养方案的指导性意见》，结合学校实际，制定设置的活动学分课程。具体操作上，将“活动课程”分为三大类别：“通识教育活动课”(选修)、专业教育实践课程中的“专业拓展性活动课”(选修)、“劳动课”(必修)。

(1)“通识教育活动课”修读内容包括思想政治养成、文艺体育活动、实习实践拓展、志愿公益服务、技能特长培养、创新创业实训、科研等课外实践活动。

①“思想政治养成”模块坚持立德树人、德育为先，包括思想道德和政治素养等。主要记载参与围绕提高学生思想政治理论素养所开展的思想教育和价值引领类学习实践活动，包括各类主题教育、团日活动、领导力培训，以及学生团学组织开展的系列理论学习实践活动。

②“文艺体育活动”模块坚持美育切入，突出审美教育，提升学生审美情趣、艺术修养、审美能力等。主要记载参与文艺、体育、美育、人文素养等各级各类校园文化活动的经历，以及获得的相关荣誉。

③“实践实习拓展”模块主要记载参与“三下乡”社会实践活动、实践实习及其他实践活动的经历，参加“青春引擎”基层团组织挂职锻炼经历，以及获得的相关荣誉。

④“志愿公益服务”模块主要记载参与“大学生志愿服务西部计划”、学院“雷锋月”志愿服务活动、“爱心献血”活动、“峭志工程”志愿服务活动及其他支教助残、社区服务、公益环保、赛会服务、海外服务等各类志愿公益活动的经历，以及获得的相关荣誉。

⑤“技能特长培训”模块主要记载参加各级各类技能培训的经历，以及获得的相关技能认定和荣誉。

⑥“创新创业实训”模块主要记载参与各级各类学术科技、创新创业竞赛、学科竞赛和创新创业活动的经历，以及获得的相关荣誉。

⑦“科研”模块主要记载发表论文、出版专著、取得专利等情况。

(2)“专业拓展性活动课”由各学院在专业教育实践课程中将教学内容在时间、空间上由课内向课外延伸，围绕思想政治养成、文艺体育活动、实习实践拓展、志愿公益服务、考研深造与技能特长培养、创新创业实训、科研等方面，设计与学生所学专业紧密结合的课外活动。

(3)“劳动课”是学生在校期间必须完成的劳动任务及相关活动，主要记载参与各式各样的劳动实践活动的经历。

27.“活动课程”学分设置与修读要求是什么？

(1)学生在校期间须按《专业人才培养方案》规定修满活动课程 5 个学分。原则上学生须按要求集中在大一至大三期间修读完毕，特殊情况允许在大四补修。

(2)学生参加活动课程评定成绩以“劳动课”(必修，0.5 学分)、“通识教育活动课”(选修，1.5 学分)、“专业拓展性活动课”(选修，3 学分)的科目名称记入学生成绩档案。成绩及格及以上者获得相应学分。

(3)通识教育活动课、专业拓展性活动课实行积分制，积分对应学分按照 20∶1 计算活动课程学分。学生选修思想政治养成、文艺体育活动、实习实践拓展、志愿公益服服务等通识教育活动课程，视参与及完成情况可给予 1～5 个积分，其中包括基础分、参与奖励分、组织奖励分三部分。基础分为最基本活动分，学生按活动要求全程参与活动或按时、按量完成项目，即可获得该积分；参与奖励分为活动中表现优秀并获得表彰奖励所获积分；组织奖励分是指学生能参加并协助组织该项活动开展所获积分。各项积分由活动组织方具体赋分。

(4)通识教育活动课须完成30积分,专业拓展性活动课须完成60积分。其中,部分模块设置最低修读积分,创新创业实训及科研部分不设最低修读积分,所获积分可以申请替代其他通识教育活动课程、专业拓展性活动课程积分。具体内容如表2-4所示。

表2-4 通识教育活动课程、专业拓展性活动课程修读积分要求一览表

通识教育活动课						
思想政治养成	文艺体育活动	实习实践拓展	志愿公益服务	技能特长培养	创新创业实训	科研
≥10积分	≥6积分	≥6积分	≥6积分	≥2积分	可抵扣最高20积分	
专业拓展性活动课						
思想政治养成	文艺体育活动	实习实践拓展	志愿公益服务	考研深造与技能特长培养	创新创业实训	科研
≥20积分	≥10积分	≥15积分	≥10积分	≥5积分	可抵扣最高40积分	

28."活动课程"如何组织管理?

(1)学校成立活动课程设置与实施工作指导委员会(以下简称指导委员会),负责活动课程的总体规划与设计、监督活动课程学分实施,裁决学生对活动课程学分认定结果的申诉等。学校分管学生工作的校领导任指导委员会主任,成员由校学生工作部(处)、团委、教务处等相关单位负责人及各学院学生工作负责人组成。

(2)学校指导委员会下设活动课程设置与实施工作项目办公室(以下简称项目办公室),挂靠校团委,统筹活动课程设置与实施的各项工作,包括全校课外实践活动项目的规划,学生修读学分的指导、考评、质量监测,以及网络管理系统建设、指导培训等工作。

(3)学院设立活动课程设置与实施工作组,由学院党总支书记、院长任组长,党总支副书记、分管教学的副院长任副组长,团总支书记、辅导员为成员,负责学院专业拓展性活动课的规划、活动项目申报、实施、学分管理认证等工作。

(4)活动课程中,"劳动课"由学生工作部(处)牵头负责制定标准、组织实

施和审核赋分；“通识教育活动课”由校团委总牵头，负责设计活动、制定标准、组织实施和审核赋分，面向全校学生开放。纳入“通识教育活动课”模块的课外体育活动，由体育部具体组织设计、统筹实施。“专业拓展性活动课”由各学院设计与学生所学专业紧密结合的课外活动，并负责制定标准，组织实施和审核赋分，面向所在专业学生开放。

(5)每门活动课程均应编制《活动课程实施大纲》，内容包括活动目标、活动内容、活动实施办法、考核或赋分办法等基本信息。

29.“活动课程”如何记录与评价？

(1)学生参与活动课程后，成绩由活动项目的组织单位登记考核，考核结果分为优秀、合格、不合格三个等级。每学期期末各学院对本学院学生修读情况进行汇总，认定学分，并按要求报学校项目办公室。

(2)学生不得利用各种不正当手段骗取活动课程学分，一经查实，取消修读成绩，并根据学校学生相关管理规定给予处理。针对违规操作活动项目的组织单位，经指导委员会查实认定，取消该单位的活动组织权，并追究相关负责人责任。

(3)鼓励学生在不影响第一课堂学习的情况下积极参加课外实践活动项目，活动课程学分修读情况纳入综合素质测评体系，作为学生评奖评优的参考依据。

(4)我校 2019 级及以后所有本科生，按要求完成活动课程学分规定者，才能予以毕业。

第三部分

应急预案——危机面前处乱不惊

一、总则

(一)目的

安全稳定工作是学生工作的重中之重。为有效预防、及时控制和妥善处理各类突发公共事件,提高快速反应和应急处理能力,建立健全学生工作系统的应急机制,保证学校良好的教学秩序,保障广大师生生命、财产安全,维护社会稳定,结合学校的实际,制定突发事件危机应急处理预案。

(二)依据

依据《中华人民共和国教育法》《中华人民共和国安全生产法》《中华人民共和国集会游行示威法》《突发事件应急预案管理办法》等法律法规。

(三)适用范围

本预案适用于学校学生工作系统对各类突发公共事件的应急处置工作。本预案所指的“突发公共事件”,主要包括以下几个方面:

1.学生群体性突发事件。指校园内外涉及我校学生非法集会、游行、示威、请愿以及集体罢餐、罢课、上访、聚众闹事等群体性事件。

2.公共卫生类突发事件。指突然发生,造成或者可能造成广大学生健康严重损害的重大传染病疫情、群体性不明原因疾病、食物中毒以及其他影响公众健康的事件。

3.事故灾害类突发事件。指发生在我校宿舍、食堂、教学楼、实验楼等场所的火灾、建筑物倒塌等重大安全事故,学生野游突发事故,大型群体活动公共安全事故,重大交通安全事故等。

4.自然灾害类突发事件。包括气象(暴风、暴雨等)、洪水、地震灾害以及由地震诱发的各种次生灾害等。

5.考试安全类突发事件。指学校考试过程中发生集体作弊、闹事、罢考等事件。

6.心理危机类突发事件。指由于突然遭受严重灾难、重大生活事件或精神压力,使生活状况发生明显的变化,尤其是出现了用现有的生活条件和经验难以克服的困难,以致使当事人陷于痛苦、不安状态,常伴有绝望、麻木不仁、焦虑,以及植物神经症状和行为障碍,可能严重威胁到学校的正常教育秩序,并可能带来其他不良后果的事件。

7.影响学生安全与稳定的其他突发公共事件。

（四）工作原则

1.统一指挥，快速反应。学校成立学生工作系统突发公共事件应急处置工作领导小组，在学校统一领导下，全面负责应对涉及全日制研究生，本、专科学生的突发公共事件的处置工作，形成处置突发公共事件的快速反应机制。

2.预防为本，及时控制。坚持预防为主、宣传教育为辅、防患于未然的原则；不夸大，不隐瞒，实事求是，依法办事。服从学校统一领导，学生工作系统全力配合处理。争取早发现，早报告，早控制，早解决。

3.系统联动，群防群控。发生突发公共事件后，学生工作系统相关单位负责人要立即深入第一线，掌握情况，开展工作，控制局面，形成系统联动、群防群控的工作格局。

4.结合实际，果断处置。一旦发生重大事件，特别是发生本预案未作详细规定的其他突发公共事件，要确保发现、报告、指挥、处置等环节紧密衔接，要结合实际情况，参照各类预案的应急响应办法，果断处置，正确应对，力争把问题解决在萌芽状态，使损失和影响降低到最小。

二、应急组织指挥体系及职责

（一）机构设置

成立学校学生工作系统突发公共事件应急处置工作领导小组，领导小组下设办公室，办公室设在学生工作部（处）。

（二）领导小组的主要职责

负责统一决策、组织、指挥学生工作系统内各类突发公共事件的应急响应行动，下达应急处置工作任务。重大问题及时向学校领导请示、报告。

（三）预防和预警机制

1.预防预警信息

建立畅通的信息传输渠道和严格的信息上报机制，完善快速应急信息系统。

（1）信息报送原则

①迅速：最先发现或接到发生突发公共事件的单位和个人应在第一时间向学生工作系统突发公共事件应急处置工作领导小组报告，不得延报。

②准确：信息内容要客观翔实，不得主观臆断，不得漏报、瞒报、谎报。

事件情况发生变化后，应及时续报。发生各类突发公共事件后，在向学生工作系统突发公共事件应急处置工作领导小组报告的同时，应视情况向当地公安机关等部门报案。

(2)信息报送程序

为防止发生信息“倒流”现象，避免造成工作的被动局面，必须严格履行信息报送程序，建立快速反应机制。

(3)应急信息的主要内容

事件发生基本情况，包括时间、地点、规模、涉及人员、损失程度以及人员伤亡等情况；事件发生起因分析、性质判断和影响程度评估；事件发生的单位及有关部门已采取的措施；校内外公众及媒体等各方面的反应；事态发展状态、处置过程和结果。

三、信息发布

严格按照学生工作系统突发公共事件应急处置工作领导小组的指示，由指定的专人发布信息。要区分不同情况，把握信息发布和舆论的主动权，做到全面、客观、准确、及时。

四、应急处理措施

(一)学生群体性突发事件应急处置措施

1.学生工作系统突发公共事件应急处置工作领导小组接到学生群体性突发事件报告后，立即派人赶赴现场并向学校领导汇报。

2.加强对事件的严密监控，采取措施，有效处置，化解矛盾，控制事态的蔓延和扩大。

3.通知相关学院学生工作人员到现场劝阻并随队维护秩序，防止学生被别有用心的人所利用，防止学生出现过激和违法行为。

4.动员和发挥学生党员、学生干部在维护学校稳定中的模范带头作用，切实做好学生的思想政治工作。

5.正确引导社会舆论，统一宣传口径，防止不实有害信息传播。

6.对在群体性事件中别有用心、蓄意破坏、危及公共安全的少数人，要报请保卫处严格控制和监视，同时要防止学生串联，防止社会闲杂人员混入其中。

(二)公共卫生类突发事件应急处置措施

1.学生工作系统突发公共事件应急处置工作领导小组接到学校指令后，立即启动本预案。

2.配合校医院对事件发生的原因、涉及的人群、危害程度及发展趋势进行调查,并向学校领导汇报。

3.组织相关学院学生工作人员对事件现场进行临时控制,实行师生分散隔离,停止大型活动,防止事态扩大。

4.对学生进行紧急医疗救治,根据传染程度,对有关人员实施医学隔离。

5.配合校医院对教室、食堂、学生公寓等人群密集的地方,按规定进行消毒。

6.随时掌握学生出勤动态。公共卫生事件发生期间,学生缺勤 2 小时内,须查明人员姓名、缺勤原因,掌握信息。登记因病缺勤学生名单、主要症状、就诊检查情况(初步诊断),并实行每日电话追踪随访制。

7.设立 24 小时值班及疫情监控联系电话,建立晨检和每日一报制度,及时收集疫情信息,每天向学生工作系统学生突发公共卫生事件应急工作领导小组报告情况。

8.做到疫情信息准确、公开、透明,做好宣传引导工作,确保校园稳定。

9.加大传染病预防控制知识的宣传力度。在校医院的指导下,为学生准备必要的预防药品并适时提供。

(三)事故灾害类突发事件应急处置措施

1.火灾事故处理办法

(1)火灾事故发生后,立即启动本预案。学生工作系统突发公共事件应急处置工作领导小组成员立即赶赴现场,全力组织人员疏散和自救工作,并向学校领导报告。

(2)相关学院学生工作人员要在第一时间亲临现场组织学生开展救人和灭火工作,原则是"先救人,后救物"。

(3)维持现场秩序,派人到主要路口等待引导消防车辆,学生及无关人员要远离火场和校园内的道路,以便于消防车辆驶入。

(4)在消防队伍到达现场后,主动提供有关信息,配合消防队伍组织救人和灭火抢险工作。

(5)在条件允许的情况下,迅速启用广播系统,用广播指挥师生疏散或灭火。

(6)要妥善做好受到火灾影响的学生安置工作,同时要做好学生的思想教育工作和心理疏导工作,彻底消除他们的恐慌心理。

2.房屋倒塌等建筑物安全事故处理办法

(1)发生房屋、围墙倒塌等建筑物安全事故，立即启动本预案。学生工作系统突发公共事件应急处置工作领导小组成员立即赶赴现场，全力组织人员疏散和自救工作，并向学校领导报告。

(2)在有关方面的帮助下及时组织解救受困人员，抢救伤病人员。

(3)要妥善做好受伤学生的安置工作，同时要做好学生思想教育工作和心理疏导工作，彻底消除他们的恐慌心理。

3.学生野游突发事件处理办法

(1)学生工作系统突发公共事件应急处置工作领导小组接到学生在野游过程中发生重大突发性事件，如交通事故、食物中毒、溺水、刑事案件等，立即启动本预案。

(2)学生工作系统突发公共事件应急处置工作领导小组根据事件的性质、原因、危害程度和事态发展趋势，及时采取相应处理措施。

(3)学生工作系统突发公共事件应急处置工作领导小组成员应立即赶赴现场，对事件处理进行指挥，根据事件性质、程度成立相应的工作小组，迅速开展工作。

(4)组织保护好现场，相关学院的辅导员负责通知发生事故学生的家长。

(5)及时做好学生及家长安抚工作，控制事态。

4.大型学生活动踩踏事故处理办法

(1)在大型学生活动中发生踩踏事故，立即启动本预案。学生工作系统突发公共事件应急处置工作领导小组成员立即赶赴现场，全力组织人员疏散和抢救工作，并向学校领导报告。

(2)有人员受伤时，应立即向医疗急救部门报告求援。组织人员对受伤者进行人工呼吸、止血等应急抢救处置，尽快将伤病人员送往医院抢救，妥善安置伤病人员。

(3)迅速通知受伤人员家长，及时通报有关情况。

(4)及时做好学生及家长安抚工作，控制事态。

5.学生交通事故处理办法

(1)学生发生重大交通事故后，立即启动本预案。学生工作系统突发公共事件应急处置工作领导小组成员迅速赶赴现场，迅速组织对受伤人员进行救治，并向学校领导报告。

(2)学生工作系统突发公共事件应急处置工作领导小组根据事故性质、

程度成立相应的工作小组，迅速开展工作。

(3)相关单位及时通知保险公司出险，做好相应的理赔工作。

(4)积极配合交通事故处理部门调查，并参与调解等后续工作。

(5)组织保护好现场，相关学院负责通知发生事故学生的家长。

(6)及时做好学生及家长安抚工作，控制事态，维持学校教育教学秩序正常进行。

(四)自然灾害类突发事件应急处置措施

1.接到自然灾害警报后，立即启动本预案，学生工作系统突发公共事件应急处置工作领导小组成员第一时间赶赴现场开展工作，并向学校领导报告。

2.按照学校统一指挥，组织学生按疏散路线迅速撤离，并维护疏散场地的社会秩序。

3.积极做好学生的思想教育工作，消除恐慌心理，稳定人心，迅速恢复正常秩序，全力维护校园安全稳定。

4.加强值班工作，保持通信畅通，及时掌握各校区情况，全力维护正常教学、工作和生活秩序。

5.及时清点、统计上报学生人数，并向学生工作系统突发公共事件应急处置工作领导小组组长汇报。

(五)考试安全类突发事件应急处置措施

1.发生考试重大安全事件后，应立即启动本预案，学生工作系统突发公共事件应急处置工作领导小组相关人员立即赶赴现场，控制局面，维持考场秩序，协助教务部门开展现场调查、处理工作，并向学校突发公共事件领导小组报告。

2.考试过程中发生集体作弊、闹事、罢考等事件，应对学生进行劝解和教育，缓解考生情绪，控制事态发展，防止事态蔓延。

3.考试过程中发生自然灾害，应妥善疏散、安置考生，将自然灾害的损失降至最低。

4.考试过程中爆发传染病，应配合校医院进行考点隔离、人员隔离或者采取卫生部门要求的其他措施，防止疫情扩散。

(六)心理危机类突发事件应急处置措施

1.接到学生心理危机事件警报后，立即启动本预案，学生工作系统突发公共事件应急处置工作领导小组成员第一时间赶赴现场开展工作，控制局势，并尽最大可能确保心理危机事件亲历者及受波及者人身安全，并向学校领导报告。

2.成立心理危机干预专家工作组，迅速赶赴现场，对危机对象开展心理危机干预。

3.由学院通知学生家长来校处理相关事务。对于发生精神障碍、重度抑郁或躁狂、严重自残或伤人等危机现象者应作休学处理，由家长将学生接回或送医院治疗。在学院与学生家长作安全责任移交之前，学院应对该生作 24 小时特别监护。对于危机程度较高但能在校坚持学习并接受治疗者，应与家长鉴定书面安全协议，并成立监护小组进行监护，必要时由家长陪伴监护。

4.积极做好学生的思想教育工作，消除恐慌心理，稳定人心，迅速恢复正常秩序，全力维护校园安全稳定。

5.在开展危机干预与危机事故处理过程中，应做好资料的收集工作，包括电话录音、谈话录音、记录、书信、照片等，不得将资料交给无关人员，做好资料的保密工作。

第四部分

工作案例——他山之石可以攻玉

行思践悟　先锋先行

——实践锻炼强化思想引领工作案例

曹　亮

学生骨干是学生中的优秀分子和骨干力量，在学生中具有广泛的影响力、带动力，其示范引领作用在日常思想政治教育中扮演着不可替代的角色。因而加强对学生骨干的教育引导和价值引领具有十分重要的现实意义，也是每一名辅导员日常工作中的一项重要内容。

一、案例基本情况

学生骨干在学生中具有很强的辐射带动效应，在日常思想政治教育中具有不可替代的重要作用。在学院开展的一项针对学生骨干思想状况的调查显示，绝大部分学生骨干理想信念坚定，有正确的人生观、世界观、价值观。但调查中也暴露出学生骨干对现实国情了解不深，对中国特色社会主义理解不透，对道路自信、理论自信、制度自信、文化自信，缺乏切身的实际体会。这种现象，导致其对身边同学思想价值观的输出乏力、思想引领的带动不力，甚至出现极个别学生骨干价值观念扭曲，一些不当言行造成不良社会影响等问题。

针对这些问题，我们筹划实施了“先锋力行”实践教育项目，力图通过实践锻炼形式，让学生骨干进一步了解社会、加深认识、锻炼才干、坚定信仰。2019 年暑期，在学校大力支持下，我们与临沂、泰安两地达成合作意向，遴选一批学生骨干赴两地各级组织部门，开展为期一个月的岗位实践锻炼，让学生在行动中思考，在实践中感悟。实践教育取得明显成效，不仅达到了思想引领的预期成效，同时强化了学校人才培养的青年政治特色，也得到了地方部门的充分肯定。该项目先后被共产党员网、学习强国、灯塔-党建在线、齐鲁壹点等各级各类媒体平台广泛报道，引发强烈社会反响。

二、案例实施过程

（一）前期准备情况

1.达成意向。2019 年 6 月，我们与临沂市委组织部、泰安市委组织部进行了深入沟通，达成选派学生实践锻炼的合作意向，明确合作的内容、方式、时长、效果评价等细节。

2.确定人选。项目启动后，我们面向学生骨干广泛招募项目成员。共计 30 人通过个人申报、班团推荐等方式报名。经严格筛选、双向沟通，共选拔 14 名学生参与到其中。

3.行前培训。对选派人选采取集中培训和自主学习相结合的形式，开展了包含机关业务工作常识、新闻宣传基本能力、文字材料撰写、活动组织能力、团队精神与沟通协调能力等内容的专题培训，为项目实施奠定坚实基础。

（二）工作开展情况

2019 年 7 月 15 日、22 日，我们分两批将选派人员分派至临沂、泰安两地的 2 个地市级组织部门和 12 个县市区级组织部门，开展为期一个月的实践锻炼，主要从事协助日常事务处理、文字材料撰写、活动策划、新闻宣传报道、党务工作实务等工作，涵盖第一书记、干部下基层、信访、新媒体宣传、软弱涣散村党组织整顿、党员发展、党建调研、材料审核与起草、日常办文办会等内容。

为确保项目成效，过程中主要开展了几项工作。一是加强过程指导。采取集体指导和单独指导相结合的方式，通过每天在微信群内与学生开展深入讨论，为学生解疑答惑、鼓劲加油，帮助学生端正实践学习态度，掌握实践学习方法，快速提高工作能力。此外，定期看望学生、与学生挂靠部门联系沟通，加强指导的针对性。二是坚持每日分享。要求学生每天总结当日开展的工作内容和收获感悟，反思缺陷不足，在微信群内作出分享，相互交流学习，累计分享信息 400 余条。三是严格管理制度。对学生实践锻炼期间的请销假、日常管理等事宜作出严格规定，明确请销假的流程和权限，强调工作纪律。四是做好总结反思。每位学生都撰写了实践报告，组织召开总结分享会，对实践锻炼作出全面总结反思，固化实践成效。

三、案例工作成效

一个月的实践锻炼，同学们工作态度积极，认真踏实负责，虚心好学求真，圆满完成实践任务。同学们收获颇丰，大家纷纷表示，通过实践锻炼，无论是在政治觉悟、思想认识上，还是工作方法、工作思路上，乃至为人处世、待人接物等都有了长足进步。很多同学对于基层各项工作触动很大，不少同学对基层党组织建设、社会主义新农村建设产生了浓厚兴趣，希望将来能够投身基层、服务群众。实践锻炼对学生的理想信念和价值观培养起到了十分积极的作用。

（一）政治觉悟显著提高，思想认识得到提升

通过深入部分村庄、企业实地调研，学习文件材料，开展日常工作等方式，同学们亲身接触并了解了基层情况，广大基层干部的无私奉献和为人民服务的宗旨意识给同学们展现了身边可见的共产党人的宝贵品质和优良作风，深深感染、触动、激励了学生。在活动总结分享会上，同学们纷纷表示要更加坚定理想信念，始终坚守为人民服务的初心。据统计，14 名参与学生，已有 5 名同学经过组织考验，加入了中国共产党。

（二）基层认识不断深入，思想观念得以更新

很多同学被分派到县一级甚至乡镇部门，与基层群众零距离接触，对百姓的欢乐疾苦更加了解，对于国情、社情、民情的现实状况有了切身体会，对于中国特色社会主义的制度优势、中国共产党的领导优势有了更加清晰深刻的认识。许多同学谈到，基层锻炼一个月的触动和感悟，甚至比老师上几堂课的收获还多。同学们深刻感受到：基层是建功立业的最好舞台。许多同学对于今后就业方向有了新的考虑，扎根基层、服务基层，虽然更苦更累，但更是一个奉献社会、实现人生价值和理想抱负的广阔舞台。

（三）工作思路逐渐清晰，实践经验更加丰富

基层各项工作事情杂、任务重、要求高，必须要有高度的责任感、清晰的工作思路和踏实严谨细致的工作作风，否则一个环节的疏忽，就有可能引发一连串的连锁反应，影响工作的质量和效率，甚至影响到党和政府的形象。但正是这种高标准严要求，让很多同学逐渐养成了严谨细致的工作作风和多看、多学、多问、多思考的良好习惯，大家开展工作的思路逐渐清晰，方法逐渐掌握，收获了难能可贵的实践经验。同学们表示，今后无论面对什么样的工作岗位都有信心能够胜任。

（四）个人能力迅速提高，综合素质显著提升

基层是一个大熔炉，也是一个摔打人、锻炼人的地方，同学们在各方面都有了长足进步：坚定了政治信仰，坚定了听党话跟党走的决心；强化了责任担当，增强了使命感；勤学好问肯钻研，善于学习新鲜事物，开阔了眼界思路；真诚与人交往，坦荡踏实做事；增强了理论水平，知晓了常用公文写作格式，提升了文字材料写作能力；提升了人际交往水平，加强了沟通表达能力，待人接物、为人处世有了显著提高。

四、案例经验启示

“先锋力行”实践教育项目，是对学生骨干思想政治教育的有益探索和创新，总结反思项目的实施和成效，有几点启示可供参考：

（一）实践锻炼是思想政治教育的有益途径

从本质上看，通过学生的身体力行，在实践中认识、感悟、思考，既是通过实践对理论宣教作出印证，更在于激发学生的内在认同感，从而提高其思想和行动的自觉，这种教育的效果，往往比简单的说教要深刻得多。

（二）交流分享是思想政治教育的有效方式

项目实施过程中，坚持每天让学生分享工作心得感悟，实际上通过微信平台搭建了一个“空中沙龙”。大家相互交流，取长补短，不仅收获了工作经验，更重要的是互相加油鼓劲，互相比学赶超，形成了见贤思齐、共同进步的良好局面，大大增强了教育效果。

（三）总结反思是思想政治教育的重要环节

每一项活动的开展，如果没有总结反思，无异于虎头蛇尾，也会导致教育效果大打折扣。总结反思，既要有组织者的总结反思，从中发现和改进实施方法，进一步探寻思政教育的客观规律，也要有参与者的总结反思，对参与活动中的收获感悟进行提炼升华，从而进一步增强教育效果。

（四）全程跟进是思想政治教育的重要保障

从项目实施的过程看，全程指导的效果不可替代。尽管参与主体是学生，实践活动也是激发学生自我教育的一种重要方式，但是受制于学生的认知水平、组织能力等多方面客观因素所限，如果缺少了教师的指导，教育效果难以上层次、提水平。而指导的全过程性，可以加强指导的及时性、针对性和有效性，是确保教育实效的重要保障。

"五聚焦五强化"

——积分制管理优化党员发展全过程

王正坤

一、案例基本情况

"对照学院制定的党员发展对象的'五个先进'的要求，在过去的一年里，我切实感受到了自己的成长和提高……"这是2019年11月27日，在学院学生党支部举行的党员发展对象答辩会上的一幕场景，也是学院通过"五聚焦五强化"的路径，推动入党积极分子和党员发展对象培养教育积分制管理的一个生动缩影。

作为一名党总支副书记，我在工作中发现，当前的党员发展工作对入党积极分子的前置培养和对党员发展对象的跟踪考核投入明显不够，主要通过提交入党申请书、定期撰写思想汇报、参加学习讲座等方式进行，尚未形成完整的培养考核体系。这就导致了党组织无法真实全面的掌握积极分子和发展对象的思想状况及培养情况，进而出现培养教育质量不高，归属感不强等问题。

自2019年以来，我们引入企业"KPI"理念，通过"五聚焦五强化"的路径，设置入党积极分子"积极指数"、党员发展对象"先锋指数"，对入党积极分子和党员发展对象的政治表现、理论学习、专业水平、工作实践和明德守纪五个指标维度，实行分值量化措施，充分发挥培养教育指标"指挥棒""风向标"的作用，有效规范了培养教育的环节流程，切实提高了党员发展质量，收到了较好的效果。这一做法也被共产党员网、学习强国、灯塔-党建在线等媒体平台报道。

二、组织实施过程

我们将入党积极分子和党员发展对象的“KPI”即关键绩效指标，确定为“政治表现、理论学习、专业水平、工作实践、明德守纪”五个维度。采取积分制，设置了5个一级指标、68个二级指标，在1年的培养周期内，聚焦五个维度的内容，开展有针对性地培养教育。

（一）聚焦政治表现，强化坚定信仰筑基础

将入党积极分子完成《党的基础知识》公选课作为“规定动作”，系统学习党情党史。鼓励入党积极分子组建学习小组，通过学习近代史、革命史，从历史逻辑中发现中国共产党和社会主义中国源自“历史的选择、人民的选择”；通过了解改革开放40年来国家发生的翻天覆地的变化，从现实逻辑中把脉中国梦的大势所趋、人民对美好生活的热切所期。同时，鼓励入党积极分子肩负起传承信仰的神圣职责，通过向团员青年讲授“微团课”、组建“入党积极分子红色地标寻访小队”等形式，“让有信仰的人讲信仰”，让信仰传递得更准更快更深，让信仰在传承中历久弥新，愈发坚定。

（二）聚焦理论学习，强化学懂弄通重实效

学院党总支制定了《入党积极分子理论学习参考书目》，以学院“书香政管”创建项目为依托，以学院与济南市历下区民政局联合创办的“校园红书坊”为主要阵地，借助“书香留痕”最美读书笔记评选、“阅读悦青春”读者沙龙等学生喜闻乐见的形式，引导入党积极分子原原本本学原著、悟原理。同时，注重发挥入党积极分子的“头雁效应”，开展朋辈共读活动，带动身边优秀团员青年学理论、读经典。用经典涵养正气、淬炼思想、升华境界、指导实践。

（三）聚焦专业水平，强化练就本领守初心

引导入党积极分子明确学习目标，提升学习力和学习效果。通过合理设置“积极指数”正向加分项，引导入党积极分子优化知识结构、强化学习运用，将积极参与各类学科竞赛，发表学术论文、参与课题研究情况纳入专业学习加分项。通过练就过硬的专业本领，形成良好的学习习惯，树立“梦想从学习开始，事业靠本领成就”的鲜明导向，让勤奋学习成为青春飞扬的动力，让增长本领成为青春搏击的能量。

（四）聚焦工作实践，强化知行合一担使命

有效整合学院实践活动资源，申请开设《创新实践》公共选修课，设置“习近平新时代中国特色社会主义思想宣讲”“‘青春引擎’基层团组织挂职实践”

“基于‘新青年’项目的新生适应小组活动”“时代青年基层社区治理现代化参与实践”等10个版块，共100学时。采取“培训＋实践”的融合教学方式，邀请机关干部、企业管理人员、优秀校友、学生骨干担任实践指导教师，讲授理论指导培训课程，安排入党积极分子参加不少于80学时的实践锻炼，选拔在课程学习和实践锻炼中表现突出的同学担任下一届指导教师。鼓励入党积极分子做到学思用贯通、知信行统一。

（五）聚焦明德守纪，强化示范带动做表率

学院坚持把德才兼备作为入党积极分子培养教育的“大原则、大政策、大方针”，根据学生在校表现，将扶残救弱、拾金不昧、无偿献血等高尚品德行为纳入德行量化指标，将平时表现和突出贡献相结合，由积极分子所在团支部和培养联系人在学期末对个人品德和遵章守纪情况进行评价。通过加强入党积极分子自身道德修养，树立品德优秀的先进典型。让入党积极分子朝着“平常时候看得出来、关键时刻站得出来、危急关头豁得出来”的榜样典型努力，打造“模范先锋范儿”。

梳理整合党员发展对象培训内容，按照政治素质先进、思想理论先进、专业学习先进、工作实践先进、明德守纪先进的要求，有针对性地设置培训版块，采用课堂讲授、实地观摩、志愿服务、研讨交流有机结合的培养形式，构建内容丰富、形式多样、灵活可选、切合实际的课程体系。在培训结束后，组织开展党员发展对象公开答辩，总结自发展为入党积极分子以来的表现，回答学生党支部书记、党员代表及学生代表的问题，由评审小组根据综合表现形成评价意见。公开答辩评价意见和参与培训情况共同构成党员发展对象的“先锋指数”，作为预备党员接收的重要指标。

三、工作成效

通过创新入党积极分子和党员发展对象培养教育积分制管理，建立约束激励机制、严格动态管理、划定先锋等次、实施分类施治，探索了入党积极分子和党员发展对象培养教育科学量化评价的新路径，取得了一定的工作成效。

（一）从“积极指数”到“先锋指数”，党员发展质量评价有了新方法

通过建立清晰完善的量化指标体系，强化“供给侧”改革，丰富了培养教育的内容途径，目前已形成各类培养教育活动200余项，实现了由“端菜式”到“点菜式”的改变。通过将主观性较强的评价指标进行量化，提高了培养教育和评价考核的规范性，为制定“金标准”迈出了坚实的一步。积累的量化数据

和其他过程性材料为各级党组织开展调查研究、进行数据分析提供了第一手资料，通过大数据的分析研判，也为下一步与智慧校园系统开展对接，实现培养教育网络化提供了基础性条件，成为了开展“云党建”的“蓄水池”。

（二）从“一刀切”到“个性诊断”，先锋模范作用发挥有了新范式

通过量化指标体系形成的关键绩效指标，既可以分析出积极分子和发展对象群体中存在普通存在的共性问题，为管理制度的修订完善提供决策依据，又可以针对个别学生进行“个性化诊断”，形成吻合度极高的“侧写”报告，有利于提高基层党组织的管理效能。同时，也明确了积极分子和发展对象应达到的目标和量化考核的标准，为同学们履职尽责提供了可靠的依据和范式，成为了激发学生责任心和荣誉感的“助推器”，他们以党员标准要求自己，主动作为、积极奉献，冲锋在前，责任意识和担当精神得到充分调动，党性意识明显增强。

（三）从“节点考核”到“时时在线”，基层党组织建设呈现新态势

培养教育积分制管理明确了党支部作为管理主体的地位及权责，以制度化的形式保证和支持了党支部教育管理积极分子和发展对象职责的切实履行。积分制的量化管理有利于定期公示、接受群众监督，改变了基层党组织只在培养教育的各个环节中进行“节点考核”的局面，形成了党建工作“透明有力”、党组织“时时在线”的良好氛围，使党支部的战斗堡垒作用得到进一步体现，增强了基层党组织的战斗力和凝聚力。

先锋剧场:演绎理想信仰的梦工厂

庞　翠

“先锋剧场”是一种什么样的存在呢?大概是一群青年党员演绎理想信仰的梦工厂。

一、概述

下课铃声响起,匆匆跑到实训室,布置剧场、准备道具,换装、化妆,当一切准备完毕,王慧郑重地拿起党徽别在自己的胸前,和“先锋剧场”的其他几位小伙伴一起站在台上,一边平复着自己的心情,一边和观众席的老师同学一起等待灯光亮起的时刻。

“先锋剧场”是山东青年政治学院政治与公共管理学院党总支开展的“党员先锋行”学生党建工作项目中的一个子项目,主要以基层党建工作规范化、科学化建设为主题,由学生党员自编自导自演,将基层党建工作通过剧目的形式呈现出来。该项目团队于 2019 年 9 月份正式成立,同月开始正式对外展演,团队成员 20 余人,全部由学生党支部成员组成。它围绕“思想政治引领”为中心,以学生党支部为主体,采取项目化流程管理机制,通过精心编排剧目,充分发挥青年党员的创造力和青春活力,将党建工作基础理论知识和实践相结合,丰富了基层党组织生活内容,创新了党员发挥先锋模范作用的有效载体,激发了学生党员的创作热情,进一步加强了党员教育管理。

二、组织实施过程

(一)先锋出动,做好党建工作引导者

2019 年 9 月初,山东青年政治学院政治与公共管理学院为发掘学生党支

部的特色和创新性，提高学生党建工作的质量和效果，计划成立“先锋党建小剧场”。政管学院党总支高度重视该项目，将其纳入政管学院党建年度工作计划，为项目成立和运行给予了人力、物力和财力的大力支持，并成立项目小组。小组成员包括项目负责人、小剧场组长和组员。辅导员兼学生党支部书记担任项日负责人，小剧场组长和成员通过自荐和推荐报名加入，采取竞聘方式，由学生党支部委员会打分产生。项目组成员均来自于学生入党积极分子、预备党员和党员，由20名学生组成。项目负责人的主要任务是对内承担管理者角色，管理小剧场项目人员团队、组织策划小剧场剧目、构建完善的项目机制运行，对外作为经纪人角色，对接外部企事业单位演出事宜。小剧场组长经过学生候选人竞聘产生，主要承担组长、编剧和助理角色，负责对接项目负责人，协助日常小剧场管理、剧本编写、团队纪律管理、和演出现场协调服务事宜。

(二)全力筹备，汇集理想信念践行者

对于没有经验的小剧场团队来说，剧本主题的选择非常重要，既要有明确的党建工作主题范围，又要贴合学生党建工作实际，还要调动学生党员创作表演的积极性和主动性。经过项目团队商议，上级组织审核同意，围绕着“思想政治引领”为中心，确定了加强基层党建工作科学化、规范化管理的主题范畴。最终我们的首部“先锋剧场”剧本确定的主题是《接收预备党员》。由编剧根据《中国共产党章程》《中国共产党发展党员工作细则(试行)》《普通高等学校学生党建工作标准》等有关规定，结合高校学生学习生活和发展特点，进行剧本创作，使用准确语言体系，精准体现“接收预备党员”的流程，经过反复修改并通过组织审核备案后定稿印制。团队小组成员利用周末和部分晚自习时间在专业老师指导下进行排练。一周后在学校第二次“不忘初心、牢记使命”主题教育培训会为学校全体党员干部进行展演，正式“C位出道”。展演受到热烈反响，“先锋剧场”在培训会上积极听取领导意见和反馈，继而对剧本和表演进一步修订和完善。边演边学，不断提升剧本和演出的质量。

(三)共振发声，号召更多思政响应者

“先锋剧场”前期通过调研基层党建的情况，结合大学生思想政治工作特点，充分发挥大学生党员的积极性和创造性，将党支部规范化建设工作流程与情景模拟相结合，通过自编、自导、自演、自评的方式演示交流，在解决实际问题过程中边演边学边提升。小剧场项目作为学生党员培养教育工作的创新形式，与以往培训式学习不同，打破了“一人讲众人听”的灌输模式，生动形象的进行模拟交流，以“行动式学习”的方式有效提升党务培训效果，在学生党员群体中引发共鸣，拥有了越来越多有共同理想信念的“粉丝”。

三、经验总结

(一)拓展了高校学生思政工作形式和外延

“先锋剧场”于 2019 年 9 月份在学校第二次“不忘初心、牢记使命”主题教育培训会上拉开帷幕，为全校党员干部现场演绎《接收预备党员》剧目，目前“先锋剧场”已自编自导《接收预备党员》《组织生活会》《党员谈心谈话》等剧目，为宁阳县委组织部、济南市政公用资产管理运营有限公司等校外企事业单位展演数场，受到学校师生和校外单位的广泛好评，形成了丰富的学生党建工作成果。

(二)提升高校学生党员发展培养教育质量

该项目作为学院学生党员发展培养教育工作的重要内容，通过学生党员自导自演党建剧场，将党建工作基础理论知识和实践相结合，既增强了学生党员党性教育的针对性实效性，又提升了基层党组织党建工作的科学化和规范化，推动了高校学生党建工作创新性和高质量发展。

(三)项目化管理推进学生工作创新和高质量发展

“先锋剧场”项目作为政管学院“党建先锋行”的子项目，形式灵活多样，工作机制成熟、项目责任人明确，可以有效全面推行责任精准化、工作制度化、党建品牌化、队伍专业化工作模式，提高党建工作科学化、规范化，不断提升基层党建工作的整体质量和水平，通过项目化管理探索党建创新，打造品牌化，巩固党建成果。

四、反思启示

“先锋剧场”项目开展以来虽然取得了一定的成绩，但是在管理机制上仍然存在一定具体问题。例如：剧本产出数量和质量有待进一步提升，学生党员演出与课业协调问题，团队人员管理问题，等等。今后项目团队将精益求精，建立项目管理长效机制，持续推进该项目活动深入开展。“思想引领，强基固本”，政管学院“先锋剧场”学生党建工作项目聚焦思想引领，通过加强学生党支部建设，发挥基层党支部的战斗堡垒作用，培养广大青年党员做矢志不渝坚定信念跟党走的青年政治人才。

用好“小项目”，带活“大思政”

——“青年思享汇”的探索与实践

张月阳

一、案例基本情况

“青年思享汇”为思政工作创新项目，秉承“思而智·享而明·汇而齐”的理念，主要目的是强化大学生的思想理论教育和价值引领，及时掌握学生的思想政治、学习生活等情况，从而有针对性地帮助学生处理好思想认识、学习生活中遇到的实际问题，进而在解决实际问题过程中引导学生牢固树立正确的世界观、人生观、价值观，坚定中国特色社会主义道路自信、理论自信、制度自信、文化自信，不断成长为德才兼备、全面发展的青年政治人才。

“青年思享汇”聚焦于解决当前大学生思政工作中存在的针对性、时效性不强，亲和力、感染力不足等问题，通过营造平等沟通、民主讨论的良好氛围，引导学生将学习生活中的热点话题、生活问题等开展讨论交流、辩论交锋，最终实现“理不辨不明”“理越辨越明”的效果。随着项目的推进，又延伸到社会实践、志愿服务等领域，项目形式不断丰富拓展。自项目实施以来，先后组织各类活动达 200 余场，参与学生累计达 3500 余人，对提升大学生思想政治工作质量起到了积极推动作用

二、组织实施

作为思政工作项目，我始终围绕三个关键点推进“青年思享汇”的组织开展。

(一)紧紧抓住“话题”这一“牛鼻子”

大学生思想政治工作缺乏亲和力、感染力，与学生实际的学习生活结合不够紧密，其根源之一就是思想政治教育工作者及其服务对象之间形成一定的“真空地带”，双方存在“自说自话”的现象，缺乏共鸣意义上的“话题桥梁”。因此，我始终将“话题”作为整个活动的中心环节，在话题的设计、筛选、完善过程中，始终把握“瞄准热点，聚焦痛点”的原则，激发学生主体作用，通过线上、线下等多个渠道，向学生广泛征集话题，确定好每期的话题以后，再引导学生通过平等沟通、民主讨论、互动交流等方式明晰问题，提出解决建议和办法。自开展以来，在“青年思享汇”上讨论交流的话题已逾百个，如“歌颂青春五四永恒”“给‘95后’讲讲马克思”等。在话题这一“牛鼻子”的牵引下，枯燥的理论学习变得更接地气，生活学习中遇到的困难更及时更顺畅地得到解决，社区安全真正引起学生思想上的重视，心理健康不再是大家口中“隐晦”的话题，逐步实现了解决实际问题与解决思想问题的有效结合，提升了整体工作成效。

(二)牢牢把握“实践出真知”这一关键环节

习近平总书记多次引用古语“纸上得来终觉浅，绝知此事要躬行”“耳闻之不如目见之，目见之不如足践之”等引导广大青年学生“要力行，知行合一，做实干家”。实施之初，我主要通过理论学习、座谈交流等方式开展活动，营造“平等沟通、民主交流”的环境，让学生讲出之前“不想说的话”“不愿说的话”甚至是“不敢说的话”，有力促进了思想政治工作的开展。但随着项目的不断推进，活动开展方式较为单一的问题逐渐暴露出来，单纯注重理论学习、话题讨论，活动空间多集中于室内等也一定程度上限制了“青年思享汇”项目在学生思政工作中的作用释放空间。因此，在进一步开展过程中，我开始慢慢突破形式、空间等的限制，引导学生在每次分享讨论结束后及时深入做好总结，把思想困惑、实际问题等凝练成实践主题，并带着这些实践主题走出“教室”、迈进社会大课堂，开展社会实践、志愿服务、创新创业等活动。如，在讨论“精准扶贫与全面建设小康社会”这一话题后，我在暑期中组织学生到“第一书记”包帮村开展社会调查、人物访谈、志愿服务、政策宣讲等各种实践锻炼活动，让学生真正在实际中了解了社情民情，加强对基层扶贫情况的切身观察体会，对强化学生的理想信念教育起到了潜移默化的引导作用。

(三)切实发挥“创新孵化”这一独特功能

“青年思享汇”起始之初仅仅是一个具体的项目名称，随着项目的深入开展，“青年思享汇”也从单一的“项目”名称转变为一个“项目集群”名称，多个有特色的学生思政工作项目在学生的讨论、实践中逐渐被发掘、组织、开展起来，“青年思享汇”也不再单纯是一个学生思政工作的载体，而是成为一个载体“创新孵化”平台，多个“孵化”出来的新载体在推进不同领域思政工作中发挥了良好作用。比如，在一期以“创新创业那些事”为讨论话题的“青年思享汇”活动中，有学生提出想创业，但不清楚学校对学生在校期间创新创业的相关政策。问题解决以后，经过进一步思考和努力，“校园新闻发布会”这一品牌项目顺利启动，学校党政重大部署、职能部门相关政策等信息得到了及时发布，师生集中关切的问题等得到了答复解决，发布会成为了校务公开的新渠道。除此之外，我引导学生先后“孵化”出“党团共建 校企联动”“青春榜样：讲堂团课给你听”等思政项目，为做好学生思想政治工作继而带动整体工作提升提供了“看得见”的项目化抓手。

三、工作成效

回顾“青年思享汇”项目的实施过程，主要取得了以下工作成效。

第一，“青年思享汇”项目有效帮助解决了打通思政育人工作“最后一公里”的难题。做好大学生思想政治教育工作，需要系统谋划、整体推进，才能将“想说的话”变为学生“想听的话”，创新工作项目载体是实现这一过程转变的有力抓手。以“青年思享汇”为主线，“校园新闻发布会”“党团共建 校企联动”等项目载体的陆续呈现，初步打造形成了学生思政工作“项目集群”。这些项目形式多样，具有明确的工作领域指向，带动了思政工作从“积极动员”到“主动响应”的转变，逐步打通了思政育人工作“最后一公里”，使思想政治工作润物无声，更为贴近学生。

第二，“青年思享汇”充分调动了学生的首创精神与主体作用，提供了做好学生思政工作的重要动力。学生是思政工作的受众，但更是思政工作的主体，努力激发学生主动参与的积极性，充分释放学生自我教育的潜力和创造力，正是“青年思享汇”成功的法宝。当代大学生思想活跃，个体性、自主性强，只要做好引领指导，完全能够提供更多思政工作的“金点子”“好办法”。正如“校园新闻发布会”“青春榜样：讲堂团课给你听”等项目载体都是由学生提出、组织、实施，不论是思想上的正确引领还是生活中的问题解决，发挥好“朋辈群体”的作用往往能够取得积极成效。这也启示我们做好大学生的思政工作，要充分尊重学生的首创精神、发挥学生的主体作用，坚持做到“从学生中来，到学生中去”，从而为做好思政工作提供源源不断的动力。

第三，“青年思享汇”切实帮助学生解决掉了实际问题，把思政工作做到了学生心中去。瞄准于思政工作中加强学生理想信念教育和价值引领，“青年思享汇”及其他项目载体的建设始终都是从工作中面临的问题出发，以解决实际问题为根本目的。思政工作从根本上讲做的是“人的思想”的工作，但解决思想问题的基础是解决实际问题，讲道理的同时要注重办好实事，只有通过有效载体帮助学生解决学习、就业、生活、心理等方面遇到的问题，防止和杜绝发现的问题处于“悬停”状态，才能让学生在细微的获得感中增强整体认同感。真正解决掉学生生活学习中存在的实际问题，这是“青年思享汇”的重要功能，也是将思政工作做到学生心中的基本保证。

体验式爱国主义教育映照初心使命

颜梦圆

一、案例基本情况

时间不会停止，脚步也不会停滞。70年披荆斩棘，70年风雨兼程，从开启新纪元到走进新时代，我们迎来了又一个重要时间节点。2019年，是新中国成立70周年，我们肩上的担子无比艰巨，我们肩负的使命无上光荣。高校是对大学生进行思想政治教育的重要阵地，爱国主义教育是高校进行大学生思想政治教育工作的重要内容。经过精心筹划，我们以国庆、校庆70周年为契机，发挥专业优势，开展了一次爱国主义体验教育活动。

2019年9月27日下午，学校敏行楼一楼乐韵悠扬，500多面国旗校旗、1000余张祝福卡片，组成了红色的海洋。学校党委书记鹿林来到现场，与师生同唱《我和我的祖国》，与国旗同框合影，向祖国献礼，共同庆祝新中国成立70周年。此次活动依托人流密集的教学楼大厅，由青年教师、学生党员、青年领导力学位班学员自主设计，学生会、各学生社团、正青春团支部工作研究会群策群力、共同布置，通过打造沉浸式环境，开展体验式教育，收到了良好的育人效果。

二、案例实施过程

(一)依托学生骨干，面对面"筑梦""铸魂"

学院团总支学工办对活动的开展高度重视、精心组织，前后召开六次专项会议，对本次爱国主义教育活动进行总体谋划布局，确定了"沉浸式环境、体验式教育、立体式活动"的基本步调。通过组织召开学院学生骨干会议，进一步加深大家对爱国主义教育活动的认识，提高学生参与的主动性与积极性。学院各学生党支部、学生组织充分发挥引领作用，学生骨干亲自上阵，克服时间紧、任务重的重重阻碍，积极参与到活动的筹划与开展当中，切实在学院内形成合力，努力实现三全育人思政大格局构筑中理论和实践的耦合、课内和课外的统筹，给学生以理论滋养和精神力量。

（二）发挥融媒体优势，宣传报道“接地气”“聚人气”

活动期间，充分发挥团组织在思想引领中的带头作用，结合融媒体中心在宣传上的及时性、便利性等优势，将线下活动与线上宣传相结合，开展了一系列有思想性、有教育性、有创新性的品牌活动。据统计，在本次爱国主义教育活动中，政治与公共管理学院共有 800 余名师生参与线下活动，1200 余名师生通过学院新媒体平台浏览相关推文，在保证质量的基础上，做到覆盖面广，影响力强。融媒体中心所推送的微信推文得到“青春山东”“山东青年政治学院”微信公众号转发，活动新闻稿由灯塔-党建在线、山东青年政治学院官网等平台推送，起到了良好的宣传效果。

（三）打造生动课堂，让爱国主义教育“活”起来

一直以来，政治与公共管理学院在学生活动中秉持“以生为本，立德树人”的工作理念，结合学院专业优势，以全面加强新时代大学生的思想引领为一条贯穿始终的工作主线。此次立体式爱国主义教育，让“四个自信”成为全体山青学子的共同信念，让红色文化流动在校园的每个角落。

1.“献给祖国的 1219 个祝福”

“献给祖国的 1219 个祝福”主形象墙，将 1219 名政管学院学子写给新中国 70 周年华诞和校庆 70 周年美好祝福的“心表白”，粘贴在国旗图案上，1000 余颗红心和鲜艳的五星红旗交相辉映、相得益彰。“祝福祖国母亲生日快乐”“树立远大理想，热爱伟大祖国”“练就过硬本领，用青春和汗水报效祖国”“新时代是奋斗者的时代，我们要有锲而不舍的奋斗精神，用奋斗点亮青春”……一段段深情的祝福，一句句庄严的承诺，激荡着山青学子的赤诚之心。

2.“我和国旗同框”

在敏行楼一楼大厅的五星红旗展板前，来往上下课的各学院领导、老师和同学们纷纷驻足，自发举起相机、拿出手机，参与“我和国旗同框”活动，在国庆 70 周年这个值得纪念的特殊时刻，留下美好的瞬间。2019 级政治学与行政学一班的陶智同学说：“这个活动对于我们来说，增强了我们对于祖国的一种爱和信仰。如果说把祖国比作一颗星星的话，那我觉得它一定是北极

星，它只要守在原地，我们所有人就不会迷路。”

3.“青春向祖国告白”

政管学院学生第一、第二党支部的党员自发组织、精心准备，在国庆前夕组织了“青春向祖国告白”活动，通过编写录制祝福，编辑党课微视频的方式，以学生党员的名义，向祖国告白。“爱我中华，爱我国家；民族复兴，青年担当！青春告白祖国，青春为祖国骄傲！”“带着使命的我们要甘于奉献。奉献青春不是一句空话，更不是不去实现的宣言，而是身体力行的实践。当你身边的同学需要帮助时，不要退却你的双手，不要吝惜你的智慧，在一切需要你的地方贡献力量，毫不犹豫，积极主动地去燃烧你的青春年华。心存报国之志，时刻准备为祖国贡献自己的一切。”学生党员们做出了自己庄严的承诺，他们将用自己的实际行动为新中国成立 70 周年献礼。

4.“同唱一首歌”

“万水千山不忘来时路，鲜血浇灌出花开的国度，生死相依只为了那一句承诺，报答你是我唯一的倾诉。”政管学院 50 余名党员和学生骨干在我的带领下学习演唱歌曲《不忘初心》，师生同唱一首歌也是本次爱国主义体验教育活动的重要组成部分，通过在活动现场这种沉浸式环境中学习红歌演唱，加深了同学们对歌曲意境的了解和认识，增强了对党和国家的感情。

5.“我为国旗添光彩”

在国庆来临之际，正青春团支部工作研究会的 20 余名同学们策划发起了“我为国旗添光彩”纸艺折花活动，同学们利用业余时间，在团总支办公室绘制图样、设计款式、购买材料、分工制作，先后以手工折纸的方式制作了 300 余朵“鲜花”，粘贴在敏行楼一楼的主背景墙、实验室及教室，用最朴素的方式表达着基层学生团干部对祖国的祝福。

(四)担当时代使命，沿着梦想的时间节点“不懈奋斗”

一直以来，政管学院高度重视思想政治教育活动，利用重大节庆日、纪念日开展了一系列有思路、有影响力、有借鉴性的活动，最大程度发挥了思想政治教育活动对于学生价值引领、实践能力提升等方面的积极作用，让学生在活动中有所启发、有所收获、有所提高。我们作为辅导员也将“思想政治教育”作为工作的重点内容，采用同学们喜闻乐见的形式开展各类活动，增强主体体验，加大情感共鸣，强化学生对中国特色社会主义道路的思想认同、情感认同、理论认同，达到了“润物无声”的效果。

三、案例工作成效

(一)思想政治受洗礼,对"初心"有了更深的理解

本次立体式爱国主义教育活动引导广大学生了解了中华民族的悠久历史和灿烂文化,特别是新民主主义革命史、社会主义建设史、改革开放史等近现代历史,呼吁从历史中汲取营养和智慧,将培养大学生文化自信作为重要一环,引导广大师生牢记红色政权是从哪里来的、新中国是怎么建立起来的,用新时代中国特色社会主义思想铸魂育人,不断增强中国特色社会主义道路自信、理论自信、制度自信、文化自信。

(二)相逢国情用心感受,爱国从"口头"涌向"心头"

本次立体式爱国主义教育活动,深化了中国特色社会主义和中国梦宣传教育,激发了学生爱国情感,使爱国主义成为每个人心中的坚定信念和精神力量,引导学生把实现个人理想融入实现国家富强、民族振兴、人民幸福的伟大梦想之中,把爱国之情转化为报国之行,在日常的学习工作中,热爱伟大祖国,坚定理想信念,练就过硬本领,为实现中华民族的伟大复兴贡献青春力量。

(三)浇灌爱国沃土,青春在知行中"拔节孕穗"

思想政治理论课是落实立德树人根本任务的关键课程。在本次体验式爱国主义教育活动中,弘扬了爱国主义主旋律,扎扎实实做好了高校思想政治教育工作,将爱国主义教育与"第二课堂"活动紧密结合,提升了学生的民族自豪感。在活动中我们坚持"让有信仰的人讲信仰,让有爱国情怀的人讲爱国",引导青年学生"扣好人生第一粒扣子",努力培养担当民族复兴大任的时代新人,培养德智体美劳全面发展的社会主义建设者和接班人。

“红色地图”寻访
——让理想信念的种子在“拔节育穗”期开花结果

毛田惠

一、案例基本情况

“济南团组织建立旧址位于济南市大明湖公园内的稼轩祠，是市级爱国主义教育基地……”作为一名共青团干部，这是我在线上微团课中的一段声音，也是学院“红色地图”寻访项目的成果之一。

在日常工作中，当我们考察青少年的理想信念状况时，通常会注意到以下三种消极现象。一是青少年理想信念“褪色”。比如网上流行的以“都行、可以、没关系”的态度为特点的“佛系青年”；二是青少年理想信念“失色”，比如以丧失志向和信念为特点的“丧系青年”“高冷青年”；三是青少年理想信念“变色”，缺失正确的世界观、人生观和价值观。

为解决以上问题，自 2019 年 8 月起，我以国庆、校庆 70 周年为契机，发挥学院学科优势、拓展实践领域，设计开展济南市“红色地图”寻访活动。济南，红色资源独特而丰富，是国内最早建立共产党组织的六个地区之一，是山东党组织发源地，其红色文化可以为大学生提供丰富而强大的精神支持，是高校进行思想政治教育的有效场所。我带领青年学子以“访、绘、书、讲”四种形式深挖济南当地红色文化资源，踏寻“红色足迹”，激活“红色细胞”，培育“红色头雁”，传承“红色基因”，立体式开展理想信念教育并取得显著成效。活动开展以来，受到学习强国、灯塔-党建在线、山东教育电视台等媒体平台报道。

二、组织实施过程

(一)凝聚党团力量,找准目标绘出“路线图”,激活“红色细胞”

学院确定以国庆、校庆70周年为契机开展济南市“红色地图”寻访项目后,我作为项目负责人,迅速以党员、团员、优秀学生干部为主体招募寻访队员,共选拔出55名队员,覆盖大一、大二、大三等三个年级。按照分工不同,团队成员被分为5组,分别是综合协调组、实地寻访组、项目成果组、志愿服务组、影像宣传组。为提高活动专业性,确保资料准确性,共邀请学院教工第一、二党支部4名教师参与项目指导工作。政治学与行政学、社会工作等专业教师的加入为项目“路线图”的绘制提高了水平和高度。

(二)提升体验效度,因材施教提出“锦囊计”,培育“红色头雁”

1.寻访红色地标,感受革命初心。团队成员利用节假日及周末时间,面向济南市的10个区县开展寻访活动,初步梳理出济南市红色地标33处。对中共山东党史陈列馆、济南战役纪念馆、解放阁、五三惨案纪念碑等33处红色地标进行了深入细致的探访,形成济南市红色地标一览表,利用学院中共党史专业师资力量,校对讲解文稿100余篇。

在寻访红色地标的同时,我们的调研队也在寻访红色人物。自2017年起,调研小队在寒暑假期间奔赴济南、青岛、临沂和烟台等15个地市,面向80～90岁左右老人开展支前运动口述史调研,以录音、照片、文字的形式将那段艰苦卓绝的革命历史挖掘记录,掌握一手资料,丰富红色地图宣讲素材和内容体系。

2.绘制红色地图,诠释英雄济南。为更好地展示“红色济南”,讲好济南故事,项目成员设计了符合“00后”群体审美特点的济南市红色地图。红色地图A面以济南“人”字型轮廓为背景,详细标注了红色地标的具体地理位置,更为直观地展现出济南丰富而独特的红色资源。《济南市红色地图》将在线上线下同步宣传推广,线上已利用微信、网站发布,线下将在济南市各红色景区及大中小学免费投放,供市民和大、中、小学生领用学习。

3.书写爱国初心,练就“红色气质”。寻访红色地标,还需要将寻访成果和收获分享给更多的同学们,因此,我们组织寻访队成员根据寻访心得体会整理编写讲解文稿45余篇,一是用于校内分享,二是可形成资料促进项目持续性发展。除此之外,我院通过寒暑假期间进行多项实地调研,2018年开展妇女口述史调研并已整理形成80万字调研材料,2019年开展解放战争时期支前运动调研，形成35万字调研材料。两年间，志愿服务队共采访调研山东省内各地市对象133人次，形成调研报告290余篇，调研照片800余张，调研视频187个，这些都为丰富红色地图讲解内容发挥了积极作用。

4.讲好红色故事，担当青年使命。我们做好红色文化资料整理，也要成为红色精神和思政教育的传播者和践行者。目前项目已完成校内红色讲解员选拔，积极邀请资深讲解员进行指导培训，在校内举办济南红色文化分享会，线上"微团课"已开课3期；在校外，走进社区"四点半课堂"，走进中小学课堂开展志愿宣讲。通过"请进来"和"走出去"，让地方红色资源融入思想政治教育，让红色文化深入人心。

（三）丰富成果产出，检验效能列出"任务书"，传承"红色基因"

1.印制了一版《济南市红色地图》。《济南市红色地图》作为活动成果之一，通过社区、学校等场所向全体市民和青少年群体发放，提升了品牌传播力和影响力。

2.组建了一支红色大学生讲解员队伍。通过"找地标、学史实、讲故事、带队伍"，组建了一支以团干部、优秀学生骨干、青年领导力学位班学生为主要成员的政治强、业务精、重实干、可传承的红色讲解员队伍，线上线下同步宣讲，将红色文化传承、发扬好。

3.形成了一系列红色资料。目前，调研团队已利用录音、文字等记录形式，形成了济南部分红色地标、人物的调研报告200余篇，较为充分地记录了红色济南的革命气节和革命精神，珍藏红色记忆。

4.获得了一个奖项。基于"红色地图"寻访品牌孵化出的志愿服务项目"红色地图找初心、赓续传统担使命"济南红色地图志愿服务项目在2019年12月举办的济南市首届志愿服务项目大赛中荣获创意组金奖。奖项的获得是对"红色地图"寻访这一品牌的水平和质量的检验，也是对品牌运行效果的充分肯定。

三、工作成效

（一）将思想政治教育的"外在推力"转化为"内在动力"，提升了大学生思想政治教育实效

红色文化资源具有形象、直观、生动感人以及影响持久等特点，通过参与"红色地图"寻访，能够在潜移默化中感染学生、影响学生，实现隐性教育，让学生在多重体验中把思想政治教育的外在推力转化为学生自觉成长的内在

动力，让理想信念的种子在“拔节孕穗期”开花结果。

(二)将思想政治教育形式的“板板正正”转化为“有滋有味”，丰富了大学生思想政治教育情境

寻访红色地标、绘制红色地图、书写爱国初心、讲好红色故事这些都是可复制的红色文化资源利用形式。通过深挖红色资源的内涵，加深大学生对红色文化的理解，把“看、听、思、悟、行”融为一体，突出了大学生的主体地位，引导他们亲身去感受、主动去思考，使思政教育变得“有滋有味”，丰富了大学生思想政治教育情境。

(三)将思想政治教育内容的“标准镜”转化为“广角镜”，提高了大学生思想政治教育文化底蕴

思想政治教育只有深深扎根于中华民族优秀的沃土，其发展才具有继承性和深厚的文化底蕴。红色文化的形成正是在继承中华民族优秀传统文化的基础上，成功地融入了中国共产党成立以来不断凝聚而成的先进文化。通过参与“红色地图”寻访，学生能够更加充分了解到中国共产党人为了中华民族的独立、为了人民的解放、为了实现国家富强和人民富裕而不懈奋斗的牺牲精神和高尚的情操，实现育人效果。

多微聚落

——以自媒体聚落为载体的大学生网络思政探索与实践

刘 磊

习近平总书记在全国高校思想政治工作会议上指出："要运用新媒体新技术使工作活起来，推动思想政治工作传统优势同信息技术高度融合，增强时代感和吸引力。"这就要求我们要深入了解"00后"大学生的思维特征、个性需求和认知规律，紧随时代发展，拓展教育平台和渠道，积极占领网络思想政治教育工作的新高地，主动在思政工作中融入新媒体手段和思维。

一、基本情况

(一)背景分析

山东青年政治学院文化传播学院是山东省最早以文化传播命名的教学科研单位之一。以"传播主流文化，传播齐鲁文化，传播青年文化，传播学术文化"为宗旨，以"德才兼备、知行统一、文化底蕴深厚、专业能力突出的应用型人才"为培养目标。现设有广播电视学、播音与主持艺术和汉语言文学三个本科专业。学院学生素质全面，专业能力突出。近三年来，学院学生在各级电台、电视台、报刊等媒体上发表作品达200多件，广播、传媒成为我们的显著优势。

作为文化传播学院的一名辅导员，我尝试发挥学生专业优势，充分利用新媒体手段，围绕学生综合素质和能力的提升，努力打造思想有深度和内容有精度的"多微聚落"网络思政教育平台，努力实现我校具有青年政治特质的应用型人才培养目标，我们先后推出1个骨干微信公众平台和10余个师生自媒体平台，粉丝总量近5万，共发文章近3千篇，累计阅读量达300余万人次，点赞量累计近 3 万次。

(二)总体思路

多途径了解“00 后”大学生的思想动态、认知规律，充分借助新媒体手段，发挥我院播音与主持艺术、广播电视学、汉语言文学三个省级一流专业的优势，结合学生特点，整合资源，加强骨干微信公众号品牌建设，扶持师生公众号群，推出思政类的视频、音频、软文，线下创新活动内容和形式，提高学生的写作水平和新媒体素养，引导学生自我教育，提高自我教育能力，努力构建网络思政教育媒体矩阵，增加思想政治教育的辐射力，提高我院网络思想政治教育的育人能力。

二、实施过程

(一)实施概况

第一，切实做好骨干微信公众号的品牌提升，通过品牌标识设计、新媒体素养提升，细化品牌栏目，积极发挥线上线优势，做好网络宣传，从而提高师生对大学生思政教育工作的参与性度和受众面。

第二，整合专业优势搭建各专业“微平台”——广播电视学专业的“深蓝放映”、汉语文学专业的“原话车间”、播音与主持艺术专业的“坚果电台”，为学生提供专业实战平台，营造良好学风。

第三，鼓励并邀请教师、学生优秀意见领袖等运行公众号，团队作战，构建多层次多方位的大学生网络思想政治教育平台。从而进一步拓展思想政治教育的外延，形成“双线结合、教管互动、滴入式”的网络思想政治教育矩阵，将思政育人工作推向实处。

(二)主要内容

1.立德树人 服务成长

(1)以思想政治引领为基础。在内容选取上，我们始终聚焦时政热点，弘扬时代主旋律，在国庆节、建党节、青年节等重要时间节点，发布思想政治教育类专题作品，引导学生做社会主义核心价值观的坚定信仰者、积极传播者、模范践行者；将学生党支部、学生团支部线下开展的“思享＋”主题党日、主题团日等品牌活动，通过骨干公众号“文传学生之家”开设的“0 距离”栏目进行推送，实现了“双线互动”，以及从“打造品牌”到“价值传递”的跃进。

(2)以学生关注热点为抓手。针对学生普遍关注的热点和实际需求，我们将骨干公众号“山青文传学生工作之家”致力于全方位满足服务学生需求，推出“毕业季+”“高校资助”“安全教育”等热门专题，将相关政策、知识普及、活动通知以“一图读懂”“老师答疑”等方式呈现，推动了相关工作的提质增效，在学生中广受好评。

(3)以创优学风为重点。我们积极配合学院开展学风建设，通过“直播”“软文”的方式，开展“每周读本书”、新老学习交流、“沿途有你”考研分享会等专题学风建设活动，得到了广大学生及家长的热切关注；同时我们利用矩阵式的微信平台结合播音与主持艺术、汉语言文学、广播电视学三个专业实际情况，推出专业设计、毕业汇演、学科竞赛等系列微信，在全院范围内营造了专业学习氛围，激发了学生专业学习的积极性。

2.三力合一，共同育人

(1)依托专业，借课程“合力”。在“多微聚落”平台建设的过程中，更加注重不同学科专业的特征特色。我们依托广播电视学专业以凝练青春榜样与校园、社会热点话题等为主线，通过“深蓝放映”模块，推出了12个原创广播电视作品，涵盖公益短视频、微电影、经典翻拍等多个系列，总阅读量达3000多次。我们依托播音与主持艺术专业以“坚果电台”模块为阵地，用声音讲述中国故事，传播生活妙招、解读咨询头条，发表新闻评论，喜马拉雅FM总播放量达70多万次，粉丝7000多人，蜻蜓FM节目收听总量达1000多万人次，共44个专辑，单期最高收听节目量20余万次。我们结合汉语语言文学专业学生的文学特长和写作爱好，将“原话车间”模块打造成为优秀原创诗歌、散文、小说、随笔等集聚地，2019年度“原话车间”总共推送了52期节目，156篇文章，提升同学们专业实践能力以及创作热情。

(2)依托多层矩阵，借整体“通力”。思想政治引领过程中，我们形成了以“山青文传学生工作之家”微信公众号为核心，“文传加油站”“凡间记录”“两点之间是生活”“格格有猫”“声动馆藏”等青年教师公众号平台环绕，主题鲜明、分工明确的立体式、多层面新媒体矩阵，充分调动起了学院学工人员、专业教师、学生骨干、普通学生等各个环节的主动性和参与度，实现了同频共振、同向同行，学生在哪里，思政工作就做到哪里。

(3)依托第二课堂，借实践“巧力”。无论是线上开展专业性拓展活动平台“原话车间”“坚果电台”“深蓝放映”，还是无偿服务各类展馆20余家的“声动馆藏”、为校级大型活动做直播的“亮点之间是生活”都将网络思政融入到了学生专业实践能力锻炼，既遵循我校培养具有青年政治特质的应用型人才的目标要求，又充分借助实践的“巧劲”，潜移默化的巩固了网络思政成果。

3.优化机制 协力增效

(1)建立师生沟通联络机制。在新媒体矩阵中,我们任何一个平台均可实现实时在线交流,师生可畅谈学习工作生活感悟,家长可在线咨询,校友可随时查阅动态,线上交流成为了师生沟通的最佳桥梁。特别是该项目中"凡间记录"等公众号,更是充分发挥了专业教师课程育人的主体作用。

(2)建立榜样指引激励机制。依托"直播榜样"模块,从就业创业、学风、自强、奉献等维度选取学生中影响力强个人或团队,通过直播、采访、撰稿等方式,着力于他们成长经历和感悟的分享,经过精心雕琢制作后在微信平台推送呈现,2019 年推出"国家奖学金获得者""山东省优秀学生""考研、考公成功者""山东省优秀班集体"等榜样采访文章 116 篇,受访人数 146 人,用榜样的力量,激励学生、感染学生,并形成"人人学榜样,人人做榜样"的常态化指引激励机制。

(3)建立朋辈影响教育机制。在项目实施中,2016 级广播电视学专业学生王伟鲜的"肖一凉介"、2018 级播音与主持艺术专业学生杨柳的"luky 姐夫"、2019 级播音与主持艺术专业学生李沛瑶的"为你读书 share"分别发挥专业优势通过以新媒体的视角分析热点,分享考研经验、用声音传播美文、评论热点,促使自我梳理了知识结构,真正实现思政教育载体向自我教育、朋辈引领转变。

三、工作实效

(一)因势而新,常态化育人

思想政治工作落地生根需要因事而异、因时而进、因势而新,新媒体工作具有形势新、内容新、时效快,主动性强的特点,搭建新媒体平台,开展网络思想政治教育需要将上述二者特点相结合,在结合学院学生与教师实际情况的前提下,我们将"立德树人"的要求贯穿始终,不断完善工作团队的运行机制,将专业教师、学生骨干、入党积极分子等充实到思政队伍,增强了思政育人的过程化、长效化。

(二)聚焦需求,精准化育人

在广泛征求意见,充分调动师生积极性的基础上,紧密结合大学生思想政治教育的客观实际和成长成才需要,聚焦学生需求,面向广大学生开展形式多样、生动活泼的线上学习教育,化抽象为具体、化枯燥为情趣,使思想政治教育更加精准化、形象化、科学化,增强思想政治教育的吸引力、感染力。

(三)整合平台,全员化育人

“多微聚落”是多层级、多角度的新媒体传播平台。师生在共建平台的协作中,共同致力于思想水平提升、专业理论学习、专业实践、社会实践。双方在不断交融中增进了了解,在潜移默化之中改善学风,助力构建课程思政、岗位思政与网络思政同向同行、协同增效的育人新体系。在项目实施的过程中,我们的学生骨干又不断补充到“多微聚落”网络思政队伍中,其传帮带的协同合作模式,既提升了成员的政治敏感性、专业素养和写作能力,又使其沟通表达能力,待人接物、为人处世等方面有了显著提高。同时这些学生骨干的“示范性”在周围学生中也起到了辐射作用,形成育人合力,增强了项目内容和思想的渗透力。

基于传媒类学生实践能力提升的网络思想阵地建设案例

李孟栖

一、案例基本情况

（一）案例背景

高校是意识形态工作的前沿阵地，高校的思想宣传阵地是思想政治工作开展的重要平台与载体，做好思想政治教育的相关工作是一项系统性工程，也是对青年学生的铸魂工程。随着新时代的进步与发展，新媒体不断兴起，高校的思想教育与宣传工作逐渐变得立体且多维，途径更加丰富，同样也面临着更加严峻的挑战，改变“重形式、轻内容”的思政教育与宣传形式是一项重要课题。因此，加强高校的思政教育阵地建设，既要坚定政治方向，文化育人，更要立足网络发展，不断探索新时代思想宣传工作的新阵地建设方式。

（二）建设总述

2019 年 6 月，按照学院的安排部署，我在工作上有重点地向“结合实践育人打造网络思政教育平台”倾斜，并开始思考“如何充分利用文化传播学院的学生的专业所长、如何充分利用当下青年学生的兴趣所在”这两个关键问题。我校是山东省内唯一一所以培养应用型人才为目标的青年政治院校，文化传播学院的学生由广播电视学、汉语言文学、播音与主持艺术三个专业的学生组成，在参与网络思政平台建设方面有得天独厚的优势，打造一支由师生共同参与建设的网络思政平台既能让学生在学习中锤炼专业本领、检验专业本领，又能在参与建设的过程中进行自我学习，同时宣传影响他人。

因此，从 2019 年 6 月以来，我带领并指导学生打造网络思政新媒体平台——“声动馆藏”公众号，以指导学生在实践过程中为山东多地区的红色文化展馆录制音视频材料，并通过公众号宣传推送为任务落脚点，鼓励学生走向各地的红色文化展馆及传统文化展览馆，进行实地调研和材料收集，探索红色文化资源、学习红色文化知识。

目前为止，我们在山东省多地服务了包括即墨中共党史馆、潍坊红色记忆博物馆、济宁汉文化博物馆、枣庄铁道游击队博物馆等十多家展馆。暑假期间又组织学生组成实践团队，到聊城孔繁森纪念馆服务学习。我们一起将所收集制作的材料进行整合、编排、录制、推出、成册，并且正在积极推进红色文化资源网站的建设。学生在参与实践的过程中获得专业指导，同时也对优秀红色文化的再学习和再吸收，这也紧紧遵循我校培养具有青年政治特质的应用型人才的目标要求。

二、组织实施

（一）组建队伍

在学院领导的指导帮助下，我首先组建了一支对红色文化兴趣浓郁、专业实力过硬的学生队伍，选拔具有基本的采、编、播专业能力的学生，对学生进行基本的组别编排，分别选拔一个小组长，以配合督促任务完成情况。

（二）调查研究

我们首先通过网络搜集、亲友推荐等形式挖掘资源相对丰富但场馆规模较小的展馆，对场馆进行汇总；其次逐一联络落实是否需要免费的场馆有声化服务，成功领取任务以后编排外派小队奔赴现场；最后将现场素材领取回校，我指导学生对材料进行筛选，共同进行音频录制。

（三）制作推出

首先，我们将文字及音视频材料进行合理编排，在“声动馆藏”公众号进行推出；其次，我们将制作的音频在喜马拉雅 FM 平台分专辑进行音频发布；此外，目前已经将服务的展馆制作成册一部，网站正在建设之中。

（四）总结反馈

每一次外派任务结束回济，我会与团队成员进行周会总结，筛查甄别材料，同时也会定期给书记进行汇报，及时纠正学生在工作过程中存在的错误理解与偏差，与学生一同探讨收获，总结经验。

三、工作成效

（一）关于作品呈现的经验总结

我在网络思政平台宣传材料方面做出了四个方面的总结，包括场馆无人化服务、公众号运营、网络电台运营、图文材料成册。

目前在山东省省内有大量博物馆因条件限制，暂时不能提供固定解说员解说，这并不利于丰富馆藏内容的宣传，我与学生到场馆内调研情况，通过录制音频并在馆内制作音频二维码的形式帮助场馆实现无人化解说。与此同时，我与学生团队带回了大量的馆藏资源，这是我们在新媒体阵地推广及教育学生的丰富资源。在公众号运营方面：公众号基本保持周推频率，累计推出作品 25 期，其中涉及整理的展馆文字材料 10 万余字，最终采纳并完成的音频录制时长达 300 分钟。在其他新媒体平台建设方面：在喜马拉雅 FM 开设“声动馆藏”电台专栏，为所服务的每一家馆建立音频专辑，方便搜索点击与收听。此外，所录制的音视频材料全部生成二维码，方便各类平台的宣传，可以实现扫码听音频的便利，第一期服务的场馆材料目前已经装订成册，便于学习宣传。

（二）关于思政宣传及教育成果的经验总结

首先，团队成员们在参与平台建设的过程中，产生了很多的感悟。我常和学生进行交流，在经历铁道游击队纪念馆的采集和制作过程后，学生反馈：“铁道游击队的故事是我从小耳熟能详的红色传奇，这一次近距离的参观、探索让我再次重温了那段英雄场景，我特别希望通过我的声音将铁道游击队纪念馆丰富的内容以更生动的形式展现给大家，也希望通过我的分享，更多的同学们能够感受到英雄的故事与力量。”在经历了济宁汉文化博物馆的采集和制作后，学生反馈：“通过此次任务，让我们更深入地了解了汉文化，汉文化作为中国文化的主体，具有汉民族文化特色的画像和石刻让我们更生动直接地了解到我们祖国的文化，我们希望将我们看到的文化精髓通过声音传递给更多的听众。”

其次，学生带回并通过平台宣讲的相关资料，在同学与朋友当中有较为深刻的反响。有受众反映：“通过微信公众号看到了潍坊红色记忆博物馆的视频中展出了很多有趣的小物件，听到详细的音频解说，唤起了我们对一些历史的记忆。”还有受众反映：“猛然发现爱国主义是每一个中国人的坚定信念和精神依靠，而透过潍坊红色记忆博物馆内的一件件文物，我们能真实、清晰地见识到先辈们的爱国精神，更能激励我们将这一份爱国精神传承下去。”这些难得的反馈都鼓励我们通过拍摄微视频和录制音频解说的形式继续将所见、所闻、所思、所想分享给更多的青年朋友。

（三）关于模式推广经验总结

“声动馆藏”公众号运作的模式其实可以广泛应用于多个场馆，如果工作顺利，从联络场馆到平台推广学习在一周内可以完成，每一个实践小组由 3 人左右组成即可，因此已经尝试的方式对于众多场馆的内容采集及思想推广具有可借鉴性。但也遇到一些需要克服的困难，目前拓展的资源局限性比较大，我们联络到的展馆都是通过网站搜集后电话联系，或通过朋友亲人推荐后进行联络，这个联络面比较窄，如果可以有更广阔的资源，学生们得到的锻炼会更加充分，参与程度也会更广泛。

“爱心传递·筑梦山青”资助育人工作

张明伟

一、内容概述

每年我省都将为贫困学生发放助学金，本次活动就是受助学生热情参与、积极奉献的具体实践。通过此次活动，为受助学生提供一个锻炼自身综合素质、接触社会的平台，让其更加深层次地理解体会，感恩学校，感恩社会。

本次“爱心传递·筑梦山青”暑期支教服务应驻临清山东青年政治学院省派第一书记工作组的邀请，依靠社会工作的专业背景，在支教过程中融入小组游戏、历奇活动、体验式教育等有特色、有趣味的施教方法，从而创新支教的传统授课方式，弥补传统教育中出现的短板与不足；创新支教传统授课模式，将支教方案设计实际操作化，使其在不断的反馈中完善和成熟；同时评估支教地区和学校的具体需求，引导学生学习传统文化，进行体验式爱国主义教育，关注乡村留守儿童生命安全教育，探索大学生暑期乡村支教内容和形式并重的新模式。以实地支教为契机，将创新模式投入到实际计划的操纵中，发现其问题并不断完善，使其成熟，最后推而广之。

二、课程设计

针对农村低年龄段儿童尚未形成良好行为习惯、生命安全意识不强、接触科学知识少、忽视传统文化教育等问题，在结构功能主义、社会互动理论、优势视角、埃里克森的人生八阶段理论、社会支持网络理论等理论支持下，从生活习惯养成、价值观树立引导、生命安全意识提升、挖掘传统优秀文化、素质能力拓展等方面服务入手，发现发扬支教小学的特色和优势（体育运动和优良学风)，在服务的过程中实行班主任制度，即每班设立两位班主任老师，了解学生的思想动态、心理特点、兴趣特长等，并负责班级日常管理工作，培养良好的班风和学风。在暑期夏令营结束后，能够促进农村学校学生形成和掌握良好的卫生意识和生活习惯，初步树立正确的人生观和价值观，提高自我安全意识，掌握传统优秀文化和提高自我能力。

日常教学课程包括理想信念与价值观教育(爱与幸福等)，学业和兴趣发展(国学达人等)，生活习惯养成(环保小课堂等)，生命安全教育(生命安全教育之性教育等)。

支教队员有丰富的农村生活经历，能非常好地适应环境，开展服务。在具体服务过程中，更能体会到支教地点学生们的心理特点和现实困难，拉近与学生的距离，便于服务良好成效的达成和取得。

三、活动开展

有“情怀校园，寓教于乐”主题系列活动、“防侵犯小课堂”、红色精神宣传主题手抄报绘制、入户探访、新时代文明实践站暨心手相连共读经典活动、新时代文明实践站暨关爱心灵启迪活动、“七彩假期，多彩校园”主题系列活动暨“麦田守望者”暑期支教活动结营仪式、口语外教进校园、支教纪录片剪辑等九项。本次支教活动引导孩子树立正确的理想信念，培养高尚的思想品德和爱国主义情怀；养成良好的生活习惯，形成环保意识，掌握生活小技能；做到基础课程和兴趣发展并重，提高孩子的综合发展能力，丰富当地小学生的假期生活，提高学生学习兴趣度；帮助学生了解生命安全教育的重要性，增强自我保护的能力。

四、活动成效

通过共计十五天的乡村支教，在团队全体成员的努力下，帮助聊城市临清市尚店镇尚店中心小学、尚店洼里中心小学共计 220 余名小学生，取得了以下几点成效。

1.引导受教地区学生树立了正确的理想信念，培养高尚的思想品德和爱国主义情怀。学生能通过绘制红色精神宣传主题手抄报表达出对祖国、家乡的热爱以及自己的理想，感受身边的幸福。

2.在生活习惯方面，帮助孩子养成了良好的生活习惯，结合当下社会热点，将垃圾分类理念和方法传递给学生，帮助其形成环保意识，掌握生活小技能，并以绘画的形式进行了展示。

3.在生命安全教育方面，学生自身防拐防骗意识增强，帮助至少 200 名学生掌握了 3～5 种防拐骗和自救的方法，并在课堂上实景模拟，将防拐骗意识推广到学生及家长；学生暑期预防溺水意识增强，帮助至少 200 名学生掌握了 2～3 种防溺水和溺水时的自救方法，学生通过视频资料和校园内系列活动加深印象，自身防溺水的意识得到增强；帮助至少 200 名学生认识了性教育，开展"防性侵小课堂"，帮助学生形成正确的性知识观和成长观，帮助学生认识、描绘身体器官图，正确认识可接触部位和隐私部位，学会保护自己，学生能够至少掌握一种自我保护的方法，学会辨别安全地方与安全行为。

4.成功举办"新时代文明实践站暨心手相连共读经典"主题活动，互动性强、内容丰富，极大地调动了学生们的读书热情。此外，本次活动响应加强农村文化建设的号召，关注农村儿童精神世界，引导学生崇尚学习、善于学习，营造重视读书、坚持读书的良好氛围，全面推进乡镇书香文明建设对于实现农村精神文明与物质文明的统一协调发展。

5.组织开展"新时代文明实践站暨关爱心灵启迪"主题教育活动，激发孩子们的动手能力、创造力和表现美的能力，为其提供了一个展现自我的平台，使其在学习的过程中也能拥有快乐的体验。通过活动促进农村社会主义精神文明建设。

6.开展"七彩假期，多彩校园"主题系列活动暨"麦田守望者"暑期支教活动结营仪式，将支教期间所进行的课程以有趣新奇的形式综融展现，给支教小学 220 余名学生提供一个展现自我的平台，巩固其成长与收获，为其这段暑期记忆画上一个圆满的句号。

7.填补学校生命安全性教育方面的空白，结合入户访谈，初步探索形成了乡村支教带动地区扶贫的一种支教新模式的雏形。

8.受助学生作为"爱心传递・筑梦山青"暑期支教服务队队员，锻炼了自身综合素质，更加深层次地理解体会，感恩学校，感恩社会。

团体沙盘游戏　创新育人实效

——探索理想信念教育新方法工作案例

王雯雯

在高校积极开展“不忘初心、牢记使命”主题教育之际，加强基层党支部学生党员理想信念教育，发挥学生党员先锋模范作用，是思想政治教育工作的重要内容。因而，探索理想信念教育新方法，以团体辅导和沙盘游戏的方式，创新大学生理想信念教育和思想价值引领，具有十分重要的实践意义。

一、案例基本情况

近几年，团体沙盘游戏在大学生心理健康教育和心理干预治疗中的得到广泛应用，特别是在人际关系问题、职业生涯规划等方面都有显著成效。团体沙盘游戏以其合作性、自主性、象征性、共情性和教育性等特点，在与思想政治教育的相融性上已得到广泛认可。

理想信念教育是大学生思想政治教育的核心内容之一，崇高的理想信念是支撑一个人一往无前的动力，是引导一个人走向成功的灯塔。辅导员作为思想政治教育工作者，有责任帮助青年大学生树立为实现中华民族伟大复兴的中国梦而奋斗的远大理想，坚定人生信念。因此，运用团体沙盘游戏，辅导大学生树立正确的理想信念，开展大学生自助合作式成长教育实践活动，是对理想信念教育实践工作的一种新的尝试，也是心理健康教育与思想政治教育相融合的又一次积极探索。

在我校积极开展“不忘初心、牢记使命”主题思想教育之际，学院基层党支部积极开展学生党员主题教育学习，创新工作思路，尝试将团体心理辅导融入到学生党员的理想信念教育工作中。学院对 12 名学生党员创新开展一次团体沙盘辅导，结合新形势新要求加强学生党员的理想信念教育和积极引导。团体辅导实践教育取得明显成效，在加强理想信念教育预期成效的同时，强化了学生党员青年政治特色的育人目标。

二、案例实施过程

（一）前期准备阶段

1.方案制定。了解基层党组织学生基本信息，设计“理想信念教育”团体辅导活动方案，筹备团体沙盘游戏器材、筹备活动场地。活动使用标准规格的可移动便捷沙箱，配备不同种类沙具 300 件。这是一次走出心理咨询室的团体沙盘创新实践。

2.确定人选。经学院基层党组织，面向全体学生党员广泛招募成员。共计 20 人通过个人申报和党组织推荐方式报名。经严格筛选、双向沟通，共计选拔 12 名学生党员参与，7 名女生、5 名男生，来自三个年级两个专业。

3.团队建设。基于活动成员的年级和专业跨度大，辅导员引导每位成员自我介绍，以姓名、所学专业和昵称三个信息增进认识并在活动中塑造一个自我形象，与现实生活情境区分，以一个昵称和新的自我认识开始心理旅程。

（二）工作开展情况

1.主题思考。作为学生党员党性教育活动，这次活动以“青年的理想信念”为主题。在开展团体沙盘之前，辅导员引导学生们对主题思考：当代青年的理想信念是什么？为什么青年要具有理想信念？如何实现我们的理想？

2.主题制作。全体成员通过抽签决定摆放次序，一共进行 5 轮摆放。在制作过程中，成员间有冲突，也有合作，整个作品以“理想信念”为题，最终呈现的画面丰富多彩，宛如一个共同缔造的理想国，出现多组值得解析的画面。

图 4-1

如图 4-1 所示，沙盘布局较满。沙盘右侧布满草地，搭配了花卉和树木，有动物和人物。沙盘中间是一朵莲花，中上部分有清华门、商场、图书馆、医院、游乐场等生活建筑。沙盘左侧出现多样的军事类沙具，集中在一侧且方向一致表示守护疆土，表达强烈的民族认同和国家自豪感。中心的生活场景井然有序，人物置于生活场景和自然景色之中，能看出人们生活在有序、安定、和谐的社会和自然环境中。沙盘作品以莲花为中心，在追求内心纯净的品格的同时，展现国家发展强大、人民生活幸福安康、社会发展繁荣昌盛和人与自然紧密相连的和谐景象，表达了大学生对祖国和社会繁荣富强的美好理想和信念。

3.讨论分享。在团体沙盘分享中，成员对自己构建的内心世界进行了分享。例如，摆放清华门的 C 同学说："我们现阶段最根本的任务是做好一名大学生，求知若渴的我们都有一个踏入最高学府的梦，提高自身综合素质，成为对国家、对社会有用的人。这条求学路漫长又艰难，中途会遭遇无数的诱惑，但心中有梦，便要风雨兼程，乘风破浪，不忘初心，牢记我们的使命。"她的分享得到其他成员的一致认同，成员频频点头，共同注视着清华门和清华门上的飞鸟，一个人的理想信念注入到了所有人的心中，大家成为坚定的同路人。

再比如，A 同学分享："孝道是中华民族的传统美德，正值中年的父母，孝敬年迈的祖父母，养育成长的我们，他们负担着家庭的重任，也有一颗向往美好的心。作为子女，我们看在眼里，疼在心里。希望他们在忙忙碌碌中能放慢脚步，也希望有一刻他们能放下压力，置身于自然，徜徉于书海，获得生机盎然的一片净土。"这一段分享在团体中形成了温暖感动的氛围，由此可见在当代大学生的理想里不仅有远方，也有父母。成员在心理体验和自我探索中相互激发，主动呈现出对"青年理想信念"的认知和领悟，并与现实世界相关联，达到内在心理平衡；同时也为教育者提供了解大学生心理状态和思想动态的机会。

团体分享不仅能呈现学生的思想精神状态，也能体现个体的人格特征和心理品质。例如，D 同学在分享自己的摆放时说："看到其他同学放了一株草，我感觉那里有些孤单，就在它的旁边放一株花。"在团体沙盘游戏过程中，学生能对正直、责任感、乐于助人等品德产生积极清晰的认知，游戏有效地使学生树立起良好的品德修养。由此，人格品质教育到理想信念教育，贯穿一体地融入在沙盘游戏过程之中。

三、案例工作成效

经过科学的团体活动设计和沙盘游戏的精准实施，每位参与学生都收获丰富，大家纷纷表示，这是一次独特而深刻的党性教育体验，无论是在政治觉悟、思想认识上，还是自我认识、团队合作上，都有了新的启发和体验。最受触动的是，越来越多的同学认可并对团体心理辅导和沙盘游戏产生了浓厚的兴趣，为进一步开发团体沙盘与思想政治教育的融合奠定了基础。

（一）团体辅导可以在思想政治教育中发挥有效作用

学生对本次党性教育表达了“印象深刻”“坚定了我的信念”“充满希望”等感受。在活动分享中，辅导员也感受到大学生的朝气蓬勃和进取向上的精神风貌。因此，团体辅导是行之有效、深受学生好评的思想政治教育工作方法。

（二）沙盘游戏可以在理想信念教育中创新发展

沙盘游戏带给学生公平感和自我认识空间，帮助他们学会接纳，调节冲突，增进自我意识，特别是在理想信念的自我发掘中，帮助受教育者人格品质的完善和价值观的交流与确立。

（三）辅导员可以以“积极心理”开展价值引领工作

辅导员作为思想政治教育和心理健康教育工作者，应多从积极心理学视角出发，以“共情、接纳”的方式积极认识和评价当代大学生，发掘学生的积极品质，激发学生心理能量，引导和陪伴学生积极成长，帮助他们形成独立完善的人格，树立正确的价值观和坚定的理想信念。

四、案例经验启示

团体沙盘游戏能对大学生理想信念教育产生有效深远的影响和积极的作用，并能成为与思想政治教育融合发展的创新工作方法。特别是能够帮助思想政治教育工作者了解当代大学生心理状态和思想动态，为培养大学生健康的思想观念，树立正确理想信念和良好道德品质，提供新思路、新理念和新方法。

团体沙盘游戏在思想政治教育中的运用前景广泛，可以根据不同群体，开展多主题性团体沙盘活动。例如，以宿舍关系为主题的人际交往问题处理；以班级为单位的班风建设团体沙盘；以学习压力舒解为主题的学习动机团体沙盘；等等。在未来，通过团体沙盘游戏的技术培训，可以帮助更多辅导员运用团体沙盘游戏的工作方法开展大学生思想政治教育。

找准"心结"才能化解问题

——认知疗法介入学生旷课案例

夏晓翠

当前,大学生旷课现象在各高校中普遍存在,学生厌学的心理状态也是目前大学生潜在的共性问题,而旷课、厌学等不良现象阻碍班风、学风建设,也对日常的教学和管理造成不利影响。作为辅导员,帮助学生正确面对大学的学习,增强学习动力,树立正确的学习观念是工作中的重点,要达成上述目标,需探寻学生旷课的真正原因,并教育引导学生自我改变才能有效解决问题。

一、案例基本情况

学生小李,男,来自农村,性格活泼。自大一下学期开始,经常上课迟到,并且存在上课不听讲、玩手机和说话现象。大一结束后,成绩落后严重,两门课挂科。大二第一学期开始出现旷课现象,课后时间几乎不学习,任课老师们也频繁反映该生存在上课注意力不集中和旷课现象。经过与小李交流发现,小李高中期间学习成绩不错,进入大学后,学习兴趣很低,上课注意力不能集中。小李表示自己并不喜欢所学专业,以后也不会从事相关专业,感觉上课对自己没有任何意义,而且对于自己不喜欢的事情不想做,上课是浪费时间,但对于自己想学什么专业也不是特别清晰。

二、案例实施过程

为处理好此问题,我通过请教经验丰富的辅导员、查阅专业文献,进一步了解该生情况,并通过学校辅导员沙龙的机会开展研讨,逐步理清了工作思路。

(一)运用认知疗法找到问题焦点

认知疗法是20世纪60～70年代在美国心理学界发展起来的一种新理论和新技术,该理论主要观点是人的认知影响情绪和行为,异常的认知会导致异常的情绪和行为,因此,主张通过改变不良认知,使人获得良好的情绪,从而形成正确的行为。本案例是从认知疗法的视角进行的干预帮扶。

认知疗法的首要问题是要找到不合理的认知。此案例从表面上看,学生存在的问题有两个。一是学习问题:不喜欢所学专业,认为上课无用,学习成绩差。二是不良行为问题:出现旷课现象。在分析问题时,不能仅看到现象本身,还要深究其产生的原因。案例中,虽然小李有旷课问题,但同样也发现他旷课有很重要的原因是对学习存在不合理的认知。如基于"我不喜欢""上课无意义"等这些想法,可能引发了旷课行为。了解原因后,就要"对症下药",我开始采取措施,希望借用心理学中的认知疗法的技巧,改变学生不合理的想法,帮助他形成正确的学习认知。

(二)具体工作过程

1.探寻引发旷课的真正原因,找到问题"症结"

针对小李的问题,我全面搜集信息,找到问题的症结。基于认知疗法,首先分析小李旷课的核心想法。经过详细的了解与沟通,发现小李旷课的主要原因在于:一是不喜欢所学课程;二是未来不打算从事所学专业相关的工作。而这两个观点的背后认知就是小李认为目前所学的课程与未来自己可能从事的工作相关性弱,目前的学习对自己无用,因此不喜欢学习,引发旷课问题。那问题的关键点应是目前所学的专业与预期的就业方向矛盾。但经过交流,实际上小李对未来的发展并没有明确方向,自己所认为的矛盾是一种不合理的认知。因此,找到主要问题后,我要帮助小李认识到自己的错误认知,建立起目前所学专业与未来就业的桥梁。

2.开展谈心谈话,让学生认识到自己的错误认知

找到问题的焦点后,我开始用认知疗法中的苏格拉底式的提问与学生谈话,苏格拉底式提问是运用非教导式的论证谈话方式,就是通过谈话让学生自己反省自己的问题,自己发现证据去推翻自己错误的认知,从而建立新的认知。如针对学生认为所学课程对将来没有用,我问学生:你为什么会觉得自己目前所学的与将来的就业没有用?学生回答:就是感觉。我问:这种感觉从哪里来?学生回答:因为看到很多身边的人工作与所学并没有相关,也做得很好。我问:身边的人是哪些人?学生回答:就是周围的朋友、亲戚……

在这个过程中要让学生明确问题,引导其发现自己思考问题的逻辑和规则。学生回答身边的人,我引导学生思考身边的人和自己是一样的吗,对未来的职业期待是一样的吗……认为"众人相同"是不理性的。通过让学生自己去找支撑自己信念的证据,会让学生发现自己的问题。

3.帮助学生建立正确的认知,改变不良行为

通过谈话,让学生开启理性和非理性的认知对抗过程,通过与错误的认知辩论,学生会认识到自己的问题。在案例中,我与学生谈话。问学生:未来有什么期许和计划?学生回答:暂时还没想。问学生:在没有确定未来计划的前提下,自己如何判定目前所学是没有用的?通过提问让学生意识到自己的问题,同时帮助学生正确看待自己所学专业、课程与未来的关系。实际上短时间内学生并不能看清自己未来的发展方向,未来是个未知数,当下能做的就是把自己能做的做好,当把自己的时间和精力用到极致的时候,再问自己有没有用、喜欢不喜欢,会更合适。在这个过程中,我协同任课教师、学生家长等,共同关注学生,帮助他不断认识自己,尽快建立学习目标,做好学业规划。经过努力,学生意识到大学的学习能够提升自己各方面能力,为将来就业打好基础。当学生认知改变后,我开始监督其日常的课堂学习行为。在这个过程中,我发挥了陪伴者、协助者的角色,帮助学生逐步形成良好的学习行为。

4.持续跟进,固化帮扶的效果

为确保学生形成的良好学习行为不退化,我持续跟踪学生的学习状态,定期与任课教师沟通学生上课情况,借力学生干部发挥考勤监督作用,鼓励学生参加专业竞赛活动,积极肯定他的变化,强化学习动力。并与家长沟通,共同监督学习行为。通过持续一个月的观察,学生学习状态积极,未出现旷课行为。

三、案例工作成效

(一)借用专业方法有效解决了学生旷课问题

通过运用心理学的认知疗法,我与学生开展了多次谈心谈话,最终促使学生逐渐改变,学生开始建立正确的学习观念,不再出现旷课行为,上课开始认真听讲,形成了良好的学习行为。在此过程中,我也总结出了学生旷课的一般原因,学生旷课问题的产生通常是由不合理的认知导致的,如课程无用、不喜欢听课、上不上课分数都一样、课程与就业无关,不喜欢课程等。基于这

些不合理认知，会出现学习兴趣下降、学习目标不明确、学习自控能力差等行为现象。因此，在解决学生旷课问题时，首先要找对原因，“对症下药”，各个击破，从而有效解决学生问题。

（二）借用专业方法有效提升了工作专业化水平

在案例中，我通过借鉴认知疗法的谈话技巧，整合各方资源，帮助学生有效解决了学习问题，这给了我很大启发。通过实践，我总结出处理类似问题的经验做法，提高了自身借助专业方法解决实际问题的能力，提升了工作的专业化水平。在日常工作开展中要学会有效整合资源，充分借助其他专业学科优势来提高大学生思想政治教育实效。

四、案例经验启示

借助专业方法可以提高思想政治教育实效，通过此案例，总结出了解决类似问题的一般路径。

首先，聚焦问题核心，对症下药。旷课现象出现后，要认真分析产生问题的原因，全面搜集信息，深度挖掘，找到问题的焦点。如案例中发现学生对学习存在不合理的认知，解决重点就是积极帮助学生转变对学习的认知，减少不良学习行为的发生。

其次，善用谈话技巧，强化思想引导。作为辅导员，要积极学习和借鉴其他学科的有效工作技巧，提高谈心谈话的能力，提升工作的专业化水平。此案例中，针对学生心理原因引发的旷课行为，基于认知疗法进行干预，提高了思想政治教育的实效。

再次，保持足够耐心，做到持续关注。像此类旷课行为，不能期望一次性解决，在实践中，我与学生的谈话交流达到十余次，持续性的关注才能使干预的效果达到预期目标，对待学生问题不能有“一劳永逸”的心态。

最后，积极整合资源，实现全员育人。要更好地帮助学生解决问题，辅导员要发挥好资源协调者的角色，整合一切可用资源帮助学生。案例中，我联系班主任、任课教师共同关注学生，并引导学生参与第二课堂，让专业学习和实践活动共同发力；另外也联系学生家长，使其关注学生在校情况，共同发挥教育作用。

阳光笑容背后的重度抑郁

——学生严重心理问题工作案例

王琳涵

大学生群体，一个看似轻松，事实上却承担巨大压力的群体，在学业、生活、情感、就业多重大山的压迫下，目前大学生的心理状况令人担忧。高校每年对大学生进行的心理健康普测调查表明，心理处于一级预警和二级预警状态的学生约占50%左右。一个个血淋淋的事实，在不断警示我们，要关注大学生心理健康。大学生心理健康已经渐渐成为社会关注的焦点，一些因心理问题休学、退学的大学生不断增多，自杀、凶杀等极端案件也时有发生。

就目前的现状看，大学生心理问题主要表现在自闭、抑郁、焦虑、偏执、强迫、精神分裂等方面，其原因大多是学生的心理问题没有得到及时的调适和解决。

一、案例基本情况

2018级的周同学，贵州人，生长在一个单亲家庭，小学前父母离异，判由父亲抚养，但是父亲拒绝履行抚养义务，被母亲接回家中，寄养在姥姥家。与母亲相处时，母亲也会把与其父亲感情破裂的痛苦强加给周同学，经常向该生施加冷暴力，向该生灌输父亲已将其抛弃，如果不是母亲和姥姥的善心收留，该生就会流落街头的悲惨事实。

在这样的家庭氛围中成长，该生从高中开始就患有严重的抑郁症，精神衰弱、失眠，并伴有厌世和自杀倾向，认为全世界都抛弃她、不爱她。同时，父亲的抛弃事实和母亲等家人的冷暴力对该生造成了严重的心理阴影，以至于该生在学校中如果想起儿时的往事，就会陷入悲伤的情绪，且这种情绪一但开始就无法停止，伤心欲绝，无法自控，持续哭泣和低落，几天几夜不吃不喝，直到眼泪哭干，无法入睡导致精神衰弱。

学业上，压力较大，大一转专业前因不喜欢所学专业，成绩较差，没有朋友。转专业后，因该生一直喜欢英语专业，心情稍微放松，在班级和宿舍内交到两个比较要好的朋友。在专业课学习上十分用功，希望出人头地，得到老师的赞许和同学们的重视，但由于语言成绩的提高不是一朝一夕的事情，努力成效不显著，成绩较差，大二上学期有两门重修课程，自信心极受打击，无法接受自己努力后却得不到好成绩的事实，认为努力也没有收获。在该生辅导员与其交流的一个学期中，该生产生六次较为严重的情绪崩溃，伴有自杀倾向。第一次因学院禁止悬挂床帘，但影响其休息；第二次因国庆节假期期间被异地恋男友抛弃；第三次因上体育课，看到操场后感到头晕恶心想自杀；第四次因生日时看到前男友发的短信触景伤情；第五次是接触到第二任男友后男友对该生十分冷漠，不及时回信息；第六次是期末考试期间，需要参加重修的两门及本学期的5门课考试，负担过重，认为没复习好，无法考出理想成绩，要求全部缓考未果。

高中时，该生就开始服药，并且母亲也意识到童年对该生的伤害，已经开始逐步改善与该生的关系，积极帮助治病，一天至少打一个电话了解该生的日常生活和心情状况。但因其母亲对其心理伤害过大，该生不愿意与母亲交流过多，所以母亲对该生的情况了解比较片面。大学来济南后，周同学在省立医院就医，医生开了稳定其情绪的药物。

二、案例实施过程

此案例反映的是在童年阴影、人际交往障碍和学习压力大的三重影响下，因家庭教育方式不当而长期存在抑郁倾向的学生产生自杀想法的心理问题事件。以下是具体的解决办法：

（一）时刻掌握学生心理动态，确保安全状态

考虑到该生病情严重，随时会触景生情引发悲伤情绪和失控状态，且拒绝住院治疗和回家，因此在该生在学校期间，我院立即启动了由班级心理委员、学生会生活部、班主任、辅导员到院党委副书记“五位一体”的心理预警学生危机干预机制，随时随地关注并掌握周同学日常的心理变化情况，采取保护措施，确保周同学的人身安全。

(二)及时汇报情况,寻求家校合作

确保该生安全后,立即向学院领导汇报初步情况,请求指示;向校心理咨询中心寻求帮助,请求专业指导;及时与家长取得联系,询问是否对该生近况知情,互通掌握的信息,并告知其母亲学生当前情况,及时了解何事引发该生的情绪崩溃,找到诱发原因,联系家长赶往学校,尽快带该生就诊,得到医生的明确诊断,监督该生按时服药。

(三)用爱关怀,用情沟通

在校期间,时常关心,利用晚上在校值班时间与该生单独交流,在这个过程中和该生成为朋友,以便更好地了解和掌握该生抑郁症形成的根本原因。了解到该生虽然很恨母亲童年给她带来的伤害,但该生也很爱母亲,并且有些自责,觉得母亲受自己拖累,始终没有再找到另一半。

关心其身体状况,及时询问病情,在得到该生同意后,查看该生的病历本以及各项检查报告,熟悉病情,做好分析。探究原因,发现该生除抑郁症外,还有肾小球炎症,心脏也有问题,体测期间,压力过大,每晚哭泣到凌晨三四点,无法入睡、进食,并且药已吃完,不愿去复诊。独处时,就会想起小时候不愉快的事情,令该生痛苦不已。每当看见操场就想哭,看见跑道就耳鸣、想吐,抗拒上体育课,因生病没有开假条,体育课已经被记旷课三次,成绩肯定不及格。在本学期体育期末考试阶段,情绪再度崩溃,每次一站在操场上就想自杀,申请转体育课为康复课,但因已经在期末考试阶段,无法获得批准,使该生无法接受。了解到这些情况,辅导员及时联系到该生的体育老师,说明情况,体育老师表示理解,并且愿意帮助该生克服本学期体育课的困难。并在此期间邀请该生信任的朋友和舍友多次劝导她及时复诊。吃过药后,该生情绪逐渐得到了控制。

(四)暖心陪伴,全员帮扶

产生自杀想法,主要有以下几方面原因:第一,家庭教育方式不当导致长期存在抑郁倾向,并日积月累无法宣泄,病情越发严重。第二,转专业后,前期落后于班级同学,目前学习课程较多,急于通过成绩证明自己的能力,学习压力大。第三,感情不顺,想找到对自己无微不至、倍加关心的人,但屡屡遇人不淑。在此期间,我通过线上和见面多种方式与该生聊天,鼓励该生建立对自己的信心,按时复查、服药,接受学校心理咨询中心的心理辅导,多向他人倾诉,释放压力。安排该生信任的舍长和舍友,班级心理委员多陪其聊天、复诊,并联系家长及时赶到学校进行陪伴。经与其家长沟通后,家长也希望该生休学并接受相关治疗,但是该生明确拒绝休学。学院即刻联系学校心理中心教授前来为该生及其家长进行心理疏导。

考虑到该生强烈拒绝住院和母亲到学校陪读,我便与其主治医生和学校心理辅导中心共同制定以医生治疗为主、校心理咨询中心心理辅导为辅的方案,做好以家长为主、辅导员和同学为辅的暖心陪伴,建立学院领导、辅导员、班主任、专业老师、同学的全员帮扶机制,全员、全方位对该生进行帮扶。一是家长的用心呵护,考虑到该生是外地人,且不愿母亲陪读的情况,所以要求其母亲每日与她定时视频聊天,给她言语上的关心和呵护,让孩子感受母亲的爱意,让其感受到家庭的温暖,了解她本日状况,发现问题及时向辅导员说明。二是督促孩子定期就医,并与主治医生定期联络,及时了解情况,在对该生的了解中发现,该生对学校心理咨询中心交流方式比较排斥,与心理中心老师交流后,认为服药会对其控制情绪有很大帮助,因此辅导员安排其舍友和好友陪伴她,定期督促该生就诊就医,按时服药,保证有效治疗。三是辅导员的帮扶,做好全员帮扶的中心联络人,全方位掌握该生情况,畅通领导、学校心理咨询中心、班主任、家长、心理辅导员之间的沟通。四是专业老师的帮扶,在经得学校心理咨询中心、院领导同意的前提下,将该生情况告知专业老师,让老师留意该生上课状态,引导学生正确看待当前学习压力,并做专业前景分析和职业生涯规划,缓解该生学习压力。五是同学的帮扶,安排心理委员、心理辅导员做好陪伴,密切留意该生动向,掌握思想心理状态,一旦发现异常,立即汇报,并采取紧急保护措施。

三、案例工作成效

对于悬挂床帘的问题,通过学院副书记与学生处老师和大学生自我管理服务委员会负责人协调,出具相关证明,为保证日常休息,允许悬挂床帘,该生情绪得到平复。

该生主动联系其辅导员帮助其完成专业作业,并在课堂上顺利汇报。我们经常鼓励该生希望忘记过去,期待未来,帮该生规划人生方向。了解到该生想考取心理学方向的研究生,鼓励该生去图书馆借阅相关的书籍,真正了解心理学是不是自己的兴趣,以免理想和现实差距较大。

撰写《该生心理干预情况汇总》报备学校学工部,根据与该生进行谈心谈话的时间轴进行梳理汇总,并展示给该生母亲,让其了解学校老师日常对该生所做的工作。

目前，该生认为自己有好转，能够正常学习，并能够与好友和自己信任的老师袒露心扉，说出自己内心的真实想法。上学期期末考试全部通过，上学期结束时情绪较为稳定，通过对该生同学的侧面了解，该生的心理和身体状态都有很大改善。

四、案例经验启示

阳光心理，健康成长。总结反思本次心理危机干预事件的实施和成效，有以下启示可供参考。

新生入校后及时对其教育和家庭背景全方位了解，标注特殊学生，及时预测可能发生的心理问题，当学生出现心理问题时，辅导员能首先掌握是哪一类问题，便于及时控制，为心理辅导工作打出提前量。

呼吁全体学生每年参加学校大学生心理健康普测，应重视心理普测结果，及时了解、处理和反馈，将心理辅导工作做在平时。

在危机干预过程中面临的情况是千变万化的，我们对待任何危机事件都要高度重视，启动全方位的心理支持系统，采用综合干预措施，给予危机个体充分的关爱和有效的帮助，使学生迅速脱离危机或找回生存的勇气和信心，以及避免对他人的伤害。

不怕矛盾，最怕逃避：沟通的魅力

——心理健康教育与咨询类工作案例

董　璇

在全国高校思想政治工作会议上，习近平总书记强调，要坚持不懈促进高校和谐稳定。高校学子来自五湖四海，地域文化的差异、风俗习惯的交融以及表达方式的不同，都会使得学生之间产生误解，而宿舍矛盾属于较为典型的“不和谐”表现。作为辅导员老师，妥善处理学生宿舍矛盾是促进校园和谐的一门“必修课”。

一、案例基本情况

近些年，随着网络技术的飞速发展，人们对互联网产生了很强的依赖性。尤其是年轻一代，在互联网的影响下更加倾向于线上的互动，而逐渐忽略面对面交流和表达的重要性。本次案例来源于大一新生的某女生宿舍。

2019 年秋的某天课间，小 A 主动来到办公室跟我谈心。在见她的第一面时，我发现她的状态很是糟糕。介于当时办公室人员较多，考虑到小 A 可能是要跟我讨论比较隐私的事情，我便约她到了学校的咖啡厅，在这里听到了她的烦恼。

据了解，小 A 居住的宿舍为混合宿舍，8 名舍友来自于两个不同的班级。小 A 认为自己为人率直，在日常寝室生活中，无意间让同寝室其他班级的小 B 产生误会。后来，小 A 发现整个宿舍都有意无意地跟她疏远了，她认为是小 B 笼络了人心，带头孤立了她。小 A 内心很是纠结，所以借着这次谈话的机会，向我提出更换宿舍的请求。

二、案例实施过程

（一）确定处理问题原则

更换寝室通常是学生在遇到宿舍矛盾时首先想到的方法，但是不经考察地调整宿舍存在不少弊端。原宿舍成员对于新人的加入是否会产生抵触情绪？新人是否可以快速融入到新的宿舍集体中？如果在新调整的宿舍中再次出现矛盾，当事人又该何去何从？因此在本案例中我坚持以“刨根问底、直面矛盾、拒绝逃避”的原则，深挖宿舍矛盾根本，从源头入手，帮助学生们修复宿舍关系。

（二）宿舍矛盾分析

1.宏观层面

近些年，物质条件的不断提升，给予了年轻一代更好的生活环境，这也让他们更喜欢用“标新立异”“我行我素”来彰显自我。在大学之前，很多学生都没有集体生活的经历。不同的性格、生活习惯以及处事方式，都是宿舍里产生矛盾的因素。

宿舍中的矛盾可大可小，如果处理得当，可以推动宿舍全员团结友爱，收获宝贵友谊；但如果处理不妥，可能会激化矛盾，甚至会造成暴力、抑郁等严重后果。所以，辅导员在遇到宿舍矛盾问题时应当给予足够重视，用耐心和爱心周全地帮助同学解决内部矛盾。

2.微观层面

具体的问题要具体分析，辅导员要深入了解每个寝室的成员性格、相处模式，通过适当的办法协助学生缓解矛盾。

(1)小 A 自身原因分析

在与我谈话的过程中，小 A 内心委屈，情绪激动。根据其描述，她认为主要责任均在其他舍友身上，而小 B 更是矛盾的始作俑者。对于自己，她的评价只是处事比较率直。

经过交流，我了解到三个要点：第一，小 A 并没有真正理解“为人率直”的含义，率直是为人诚实、坦率、不拐弯抹角，而非情绪化、处理事情以自我为中心、从不考虑别人感受；第二，她内心对于班级界限十分看重，在宿舍中仍将“自己班”和“别人班”划分得非常清楚，并没有将宿舍看成一个整体；第三，她本质是善良的，且愿意做出改变，渴望恢复与舍友的和谐关系。

(2)以小 B 为代表的其他舍友原因分析

在小 A 离开之后，我约谈了寝室矛盾的另一位主人公——小 B。经过谈话了解，整个宿舍的确对小 A 存在抵触情绪，但是她们也很苦恼，希望改变现状。经了解，她们对小 A 的不满有三点原因：第一，小 A 常要求舍友帮忙带饭却忘记给舍友付钱，舍友碍于情面不好意思索要；第二，每周的寝室大扫除，小 A 很少参与，舍友存在情绪，却都选择了沉默；第三，小 A 有时会向本班的舍友抱怨其他舍友，引起了大家的反感。

不难看出，如果小 B 所说属实，小 A 的行为的确不妥。但是作为舍友，在出现问题后没有及时做好沟通，没有给当事人解释的机会，反而采用“冷暴力”的方式来表达不满，导致矛盾越积越深，并不是正确和明智的做法。

(三)寻找第三方了解双方阐述的真实性

古人有云：兼听则明。在结束与小 B 的交谈后，我决定先跟两个班级的团支书以及住在隔壁的同学了解情况。经过多方考察，可以确认小 B 说的基本属实。小 B 只是在宿舍中表现比较积极，并没有带头孤立小 A。小 A“率直”却又敏感的处事方式，和舍友们的隐忍与“冷暴力”是引起这起宿舍矛盾的根源所在。

(四)实地协调矛盾冲突

为了不占用学生的学习时间，引起不必要的抵触情绪，我与该寝室的全体同学约定于当日晚间 8 点半在宿舍内见面。长达两小时的处理过程有两个前提：一是双方都愿意改变自己以恢复宿舍往日的和谐；二是为促进学生敞开心扉、保证学生隐私、减少心理负担，我要求内部问题内部解决，晚间的讨论详情，不得对外泄露。具体矛盾调解过程如下：

1.寻找优点。寝室里产生的矛盾往往容易让大家戴上有色眼镜，对他人的长处视而不见，对短处无限放大。长此以往，过去的美好总会被遗忘，留在脑海里的全是矛盾和冲突。因此，第一步就是引导寝室成员重新发现对方的优点。在我的引导下，我先让小 A 说出每位舍友的长处与优点，随后又让舍友轮流讲出小 A 的优点。

2.自我反思。在上一步中，矛盾双方不但得到了一定程度的肯定，而且重新看到了彼此的优点，此时的双方不再有强烈的“反感”情绪。在这样的情景下，我要求她们进行自我反思，可以从个人性格、习惯、处理问题的方式方法等方面入手，客观地进行反思，并鼓励她们勇敢地向大家坦诚自己的不足。由于目的是解决宿舍矛盾，因此，在这一环节中，包括小 A 在内的几位同学都坦诚地承认了在这起宿舍矛盾中自己处理不当的行为。

3.明确矛盾。经过前两个环节的铺垫，宿舍成员的关系有了明显的缓和，每位同学对自己与他人也有了一个更加客观的认识。气氛烘托足了，明确宿舍矛盾点的时候也就到了。我首先引导小A向寝室全员表明态度，愿意虚心接受批评。同时，我鼓励其他人勇敢地说出心里话。在这一环节中，我一直在仔细观察着小A的反应，以保证将舍友的批评控制在小A能承受的范围之内。一开始，面对舍友所说的问题，小A急于解释，我示意小A先听舍友的想法，稍后再做回应。慢慢地，小A也意识到了自己的问题，变得平静了许多。

4.解决矛盾。在确认小A已了解到矛盾的根源，我顺着推动整个处理过程进入解决矛盾环节。对于沟通不畅引起的误解，小A与舍友都做了解释。对于自己的过失给舍友造成的不良影响，小A进行了道歉与补偿。我及时指出了其他舍友的问题：在日后的学习生活中，要更加积极、主动地表达自己的想法，选择适当的方式及时沟通，不要因为“不好意思”而选择对问题冷处理，误会了同学，也难为了自己。

5.拥抱彼此。矛盾到此已经基本得到解决，整个寝室的心结已经打开，大家纷纷表示愿意不计前嫌，共同营造良好的宿舍氛围。此时，我提议，大家互相拥抱，用实在的感受体会团结的力量，拉近心与心的距离。

三、案例工作成效

（一）宿舍集体趋于融洽

通过问询、听取班干部以及其他宿舍反馈等方法，发现在调解后的几个月中，该宿舍内部没有再发生矛盾事件，成员之间相处逐渐融洽，互帮互助成了该宿舍的“特征”。小A在得到舍友的谅解后，更加积极主动地参与宿舍活动。通过一系列的宿舍互动，她们的友情得到了进一步巩固。

（二）个人走向成熟

曾经做事“率真”、以自我为中心的小A，也在这次矛盾事件后作出改变。她敞开心扉，乐于跟舍友沟通，重视宿舍集体荣誉，积极参加宿舍活动，整个人不再忧郁抱怨，变得阳光热情。透过她的朋友圈，可以看到她很好地适应了大学生活，逐渐走向成熟。

四、案例经验启示

“人之初，性本善。”每一个学生都心存“善良”，每个人都渴望得到一份真挚的情谊。然而，由于表达习惯不同、表达时机不当等原因，总会产生误解与猜忌，许多学生为了避免冲突，选择忍耐和逃避。作为辅导员，我们应该特别注重引导学生学会直面问题，用沟通代替猜忌，用理解代替误解。

在学生遇到人际关系问题时，单纯对学生说教可能收效甚微。解铃还须系铃人，矛盾来自学生，解决得靠学生自己。我们要当好一个牵线者、一个主持人，找准矛盾点，为学生创造出沟通的机会、维持好沟通的秩序。

五、结语

那一晚，当我看着眼含泪花相拥在一起的她们，我突然认识到了辅导员这个岗位更深层次的使命与责任。大学生是一个独立与依赖并存的矛盾体，有的时候他们想法成熟、处事得体，有的时候渴望陪伴却不知如何表达情感。为学生搭建沟通的桥梁，让他们在沟通中收获真挚友谊，是每一位辅导员的责任。感谢学生对我的信任，希望他们都能领悟沟通的魅力，学会沟通的技巧，从而在校园中、在将来的工作岗位上逐渐成熟、收获幸福。

化解矛盾岂能"一换了之"

——记一次以学生为本家校联动化解宿舍矛盾的过程

徐 健

学生宿舍是一个"小社会",来自四面八方不同家庭背景、成长环境的学生朝夕相处共居一室,既能产生互帮互助、亲密无间的舍友情谊,也能产生"铲子碰锅沿"之类的小矛盾。相比较班级和社团组织,在宿舍环境中,大学生更容易产生不理智行为。同时,宿舍人际关系问题也为培养大学生的情商、提升人际交往能力、培育健康心理提供了教育机会。因此,宿舍人际关系问题事虽小,却见大,不能不引起我们的重视。

一、案例基本情况

小王是一名大二本科学生,平日为人随和而彬彬有礼,学习和课外活动表现积极。但是与其他7名舍友之间因为日常琐事多次产生矛盾,甚至差点激化为斗殴事件。小王本人以此为由要求调换宿舍,称与其他舍友性格不合。小王同宿舍其他7名学生也一起向辅导员反映小王同学在宿舍里人际关系较差,要求为其调换宿舍。按照小王及其舍友的要求,将其调换至另外一间宿舍,似乎能解决问题。但是,换了宿舍以后,小王与舍友间的矛盾非但不能彻底化解,相反会使其更加自我孤立,人际交往的信心必然受到打击。作为学生成长进步的引领者和帮扶者,辅导员不能逃避和掩盖矛盾以求暂时的风平浪静,应该深挖根源,从根源上化解矛盾。

二、案例实施过程

(一)准确掌握客观事实

要化解矛盾,不能凭一面之词,我从小王同学及舍友、小王同班同学等多方面了解事实,掌握了5件能够说明小王同学人际交往问题的具体事例。基本事实的掌握,使我对事情的前因后果有了基本的判断。从行为表现方面来看,小王同学在人际交往方面的确存在不当之处。

(二)由表及里探究矛盾根源

从表象入手分析矛盾根源和本质才能真正化解矛盾。由事实可以认定,成见左右着这帮年轻人对他人的评价,导致平常小事也会升级为冲突。小王同学有明显的自我中心倾向,他性格内向话不多,说话语气带有“居高临下”的感觉,让其他同学感觉“不舒服”。也许是从小生活环境的使然,他过分注重个人空间,他的物品、床铺不允许其他人触碰,同时却又极少顾及他人感受。他很少参加宿舍集体活动,一向独来独往,生活作息习惯也与他人有较大差异。这些都导致小王难以融入舍友圈子。他的舍友之间也相互传递并相互加强一种认识,即小王是自私的,难以相处的,他们之间传递和“分享”着小王未经证实的所谓“劣行”。舍友们对小王也变得十分苛刻,一点小毛病就“上纲上线”,对其进行公开指责。由此,小王和其舍友之间对对方的成见越来越深,矛盾不断激化是必然的。

(三)摆事实讲道理,助其正视自身问题

基于矛盾根源,我首先对小王进行思想教育。首先,让他意识到换宿舍解决不了任何问题,而是逃避问题。如果还保持原来的作风,其他宿舍也难以容纳他,后果就是他在同学心目中的印象一落千丈难以挽回。其次,一旦换了宿舍,等同于与其他7位同学“决裂”,覆水难收,今后如何与这7位同学相处?最后,以事实证明其有错在先,无论别人是否夸大了错误,但毕竟他有错在先,己所不欲勿施于人。经过3次面谈,小王同学终于意识到矛盾的根源在自己,但又觉得没有能力和胆量主动去弥合与舍友之间的关系。因此,我又对小王的舍友开展思想工作,应该从帮助同学的角度去说服他,而不是合起伙来嘲讽和“整治”,这样只会加深矛盾。此外,宿舍内矛盾激化,会影响宿舍整体形象,同样给自己带来不好的影响。

(四)家校联动增强教育效果

小王同学与父母关系融洽,很容易接受父母意见,家校如果能达成一致

意见，将非常有助于问题解决。我与小王同学的父亲取得了联系，简单介绍了事情前因后果，争取到了家长的支持，同意与我一起做小王的思想工作。小王同学最终鼓起勇气主动向舍友"伸出橄榄枝"，化解与舍友的矛盾，同时积极改进日常言行，积极参与班级事务。一周后，宿舍其他成员反映，小王同学变化很大，与舍友重归于好。

三、案例成效和启示

一件宿舍矛盾的化解，最后带来的效果是意想不到的。小王同学在不断的自我调整过程中，心态、作风有了很大的改观，不仅仅是改善了与舍友的关系，整个人的面貌也焕然一新，学习态度有了很大改观，还积极报名参加学校青年领导力班，因表现突出被选为班委，班里同学对他刮目相看。用他自己的话说，宿舍人际关系好了，心情舒畅了，学习的积极性也高涨了。如果当初简单地以调换宿舍的方式"解决"矛盾，可想而知，小王同学必然要经历比之前更严酷的人际环境，天天陷于人际关系问题的泥潭无法自拔，哪里能有心思学习呢？作为一名思政工作者，责任心是做好工作的首要前提。任何问题的根源都在思想，做好思想工作才能真正彻底地解决问题。只做表面功夫，暂时掩盖或拖延矛盾，最后带来的后果将更加严重。青年人思想不成熟，做事欠考虑，不能一味听任他们的想法，这样反倒是害了他们。引领，就要走在青年人的前面，为他们的前途着想，在人生最宝贵的大学时光里，为他们掌好舵，领好航，这才不负一名辅导员的初心与使命。

打造创青春团队·以赛代练提素养

王庆宝

一、案例基本情况

就业是民生之本，创业是一个民族的灵魂。大学生作为创新创业的蓬勃生长主力军，是推进“大众创业、万众创新”的重要力量，在创新创业活动中发挥着主体作用。而我所在的设计艺术学院专业特色明显，容易直接转化为生产力，既是学生就业优势，更具有创新创业活动的先天专业优势。为此，我着重分析了大学生可以参与的创新创业比赛，筛选出含金量较高的“创青春”“互联网+”两项赛事，准备组织学生创业团队，打造创业项目，指导学生参与实践实训，以赛代练，提高学生创新素养和综合素质。

二、组织实施

(一)筛选组建创业项目库

借助我担任“创业基础”课程教师的便利，引导学生通过分析用户未满足的需求、寻找市场变化、研究获奖比赛项目、设计专业知识等角度识别创业机会。再通过标准打分矩阵，选择对创业机会成功有重要影响的因素，并对每个因素进行打分，一般进行极好、好、一般三个等级打分，最后求出对于每个因素在各个创业机会下的加权平均分，从而对不同的创业机会进行评价方式筛选创业机会。不断完善和整理我们的创业项目库。这样的活动拓展了我们学生的思维，帮助学生对以后的就职创业等有了更准确的定位。通过筛选，我们决定推出“创赢青春”青年创意平台这个项目。该项目充分发挥互联网的创新驱动作用，以推动创业为目的，将创意变成商品，是一个产生创意并使创意作品商品化的实验舞台，为广大学生提供了一个创意作品、艺术衍生品、美术工艺品的展示和交易平台。

（二）组建创业团队

推出的项目为青年艺创转化平台，虽然该项目经过分析是可行的项目，但在其组织实施过程中依然存在着许多问题，首要问题就是如何组建敢拼博、能打仗、打硬仗的创业团队。选择一个合适的团队是重中之重，因为在项目的合作中，团队的配合异常重要。首先我与原项目创业团队的每个成员进行了深入沟通，了解每个学生对项目的理解，创业的理念、目标，想通过这个创业项目获得什么，谁是核心创业者，每个创业者的性格、技能特长，等等。保留核心创业者，对创业理念不同及技能特长重复的学生做工作，让他们自主选择是否一起参加创业比赛增加锻炼，如果不参加，是否同意引入其他志同道合的同学共享创意。再把创业项目的简介在学生中发布，单独沟通优秀的学生党员和学生干部，重新选拔了对该项目的想法创新可行，工作务实，办事高效，态度认真的四名学生组成了一个比赛团队，分析创业比赛的要求、规则，筹备参加比赛。通过单独做思想工作，把创业团队凝聚在一起，锐意进取，使项目的沟通交流有了很大进步，更通过这样的活动为同学们提供科学的职业生涯规划、就业指导等服务，帮助学生树立正确的就业观念。

（三）打磨创业项目

团队有了，想法有了，但如何使项目增加行业内知名度，体现领先性、创新性、可行性？我引导学生们商量针对这一方面的对策，一起商讨可行性措施，并查阅各种资料找寻可行性方法，采取了积极参与各类艺术博览会、双年展、学术论坛的方法来增加行业内知名度。同时，我带领学生创业团队对市场进行了仔细的分析，首先我们选择了三个合理的艺术博览会进行分析，发现现在国内原创设计受政策激励，蓬勃发展，日新月异，虽然暂时没有确切的、可供采信的数据，但以国内设计类院校、设计师、工作室和在校学生数量远远大于各类纯绘画从业者的现实估计，中国原创设计的市场规模必是远远高于纯艺术品市场。为了对客户进行一个精准的定位，我指导团队对用户进行了分析，这样更加明确了我们对该项目如何发展的规划。知己知彼方能百战百胜，行行都有竞争对手，为了能在合理的方面优胜于对家，我同团队细致地分析了竞争环境和趋势，通过竞品分析，找到突破口完善相关方面，在别人的劣势上优化方案，体现特色和优势。在此过程中，我引导学生们掌握多种宣传技能，网站、公众号排版、商业海报等等，以及多种调查方法，市场分析方法、商业模式完善方法等等。为了能在商业化运营中走得更远，在“创青春”“互联网十”比赛中更进一步，获得更多认可，我们还需要一个可靠且实力雄厚的领路人支持。为此，我通过参加学校组织的各种创新创业培训，结识创业导师，积极推广创业项目和创业团队成员。在中国火炬创业导师、中国技术创业协会双创专家工作委员会秘书长、教育部中国互联网＋创新创业大赛专家委员张春欣老师及北京华富嘉辰投资基金合伙人、创业指导专家、教育部中国互联网＋大学生创新创业大赛专家委员会委员胡一石老师的指导下，项目不断完善。

三、工作成效

从 2018 年项目启动，至 2019 年项目最终成型，该创业项目形成了线上线下两个平台，线上平台以“艺术家”网站为主，平台包括艺术资讯、艺术视频、艺术社区、艺术商城等多个模块，采用“社群＋内容＋电商”模式，构建一个基于内容产生与价值分享的社交型文化创意产品展示与销售平台。线下平台主要包括山东青年创意市集等活动，具有“低门槛进入”“低风险投资”“集中管理宣传”“高聚合联动性”的商业模式特点，旨在为广大学生提供一个进行自主创业活动的初步平台，让学生创业主体可以亲身体验基础创业的快乐和意义，更好地了解市场需求和商业社会，有利于激发创业热情，培养创业意识，提高创业能力，凝聚青春力量。该项目的主要特征即是采用了“线上和线下”结合的模式，突破了传统的线下模式，其背后有足够强大的鉴赏团队相支持，在为消费者提供一个定制消费专业鉴别商品价值方面具有一定的优势，其合作共性的营销模式实现了双赢，减少了成本。在线上模式中该项目打造了专属的直播平台，推动该项目的宣传与发展，最新的专业报道，吸引行内人的眼球，可获得更快速的关注。其主营业务包括线上、线下零售艺术品交易。线上网站平台为“艺术家网 www.yishujia.com”，线下平台主要包括“创意市集”等活动。平台交易范围主要包括：书画、设计、手作、摄影。同时为针对大学生创业设立专场，以吸引更多人才，包括大学毕业季专场等活动。

这样的工作成果，也让我倍感欣慰。更重要的是，通过这个项目的打造，我不仅训练出了核心团队成员，更带动了一批有创业想法的同学，锻炼他们拥有了创业决心、处变不惊的健康心理素质、敢于竞争善于竞争的意识等素质，培养了他们的决策能力、经营管理能力、专业技术能力、交往协调能力、创新能力。该项目的开展已获得了预期的效果，我们所制定的方案得到了多方认可，在业内已经有了一定的知名度。迄今为止，该项目已荣获了“创青春”海尔山东省大学生创业大赛银奖，在济南高新区第三届创业大赛中荣获精英团队三等奖，并仍在继续开展。

科学评估、因势利导，助力求职探索

——大学生职业生涯规划与指导个案剖析

王影影

目前，职业规划课程基本覆盖所有高校，但就课程本身而言依然存在重理论、轻实践的问题，从管理方面来说，缺乏对大学生四年的长期跟踪和反馈。准毕业生不仅面临就业压力，更多地苦恼于四年的专业学习“竹篮打水一场空”，无法真正找到与专业相匹配的职业。因此，辅导员要引导毕业生及时进行职业规划，将大学生的学涯意识转换成职涯的实践和发展。

一、案例介绍

A是我校2016级学生，成绩优异，连续三年获得学校奖学金。A母亲从事外事工作，希望A毕业后能够进入外事领域。临近毕业，A在与家长沟通后决定放弃考研直接求职，但苦于外语专业的局限性，不想在求职中往外语方向发展。加上自己的性格偏内向，不喜欢与人过多交流，偏偏外语领域需要具备与人沟通的能力。A感觉自己虽然能够顺利完成学业，但是苦恼于选择一份什么工作。

从情况介绍中可以看出A在求职过程中存在以下三个主要问题，这是造成“求职难”的根节，也是解决问题的关键。

首先，专业认知度不够到位。作为一名高年级的外语专业毕业生，成绩优异、家人支持，求职应该朝着专业对口的方向。但是经过对其职业规划现状进行检测，发现A虽然成绩优异，但是对所学课程并无深入造诣，加上学习动力来自于家长，甚至功利性地寻找社会地位较高的工作，所以一旦外围环境发生变化，A很容易陷入盲区。同时，一旦改变求职方向，就难以发挥出专业优势。

其次,自我探索能力缺乏。在求职过程中,要通过对个人情况(兴趣、价值观、能力、性格等)以及外部环境(社会、经济、行业环境)的考量,确定初步职业目标。而在与A的交流过程中,她谈到更多的是对于家人、毕业学长的工作环境分析,缺乏对自身职业方向的探索,没有将企业要求和自身优劣势进行综合判断,一味地认为自己不适合外语类职业。虽然知道自己不喜欢外语专业,但是也说不出喜欢什么,更没办法根据自身情况及眼前的挑战和机遇,系统地设计中长期职业规划。

最后,择业观念存在偏差。临近毕业,A没有主动了解就业形势,就业准备不足,被动地接受家里安排。主动意识和竞争意识差,导致在大学学习和求职方面产生消极懈怠心理,与朋辈的勤奋努力相比,前途变得更加渺茫,这让A难以接受自己的现状。

二、解决过程

(一)准备阶段:判断问题类型,探索自我世界

通过聆听和观察,对A的倾诉给予无条件关注,鼓励其说出苦恼。从谈话中,可以判断出A属于"问题模糊型",当问其为什么不喜欢外语专业的时候,含糊其辞;问其喜欢从事什么类型工作的时候,出现了焦虑情绪。可以看出A不清楚问题出在哪里,放弃自己所学的专业是否可惜?是否应该听从家里的安排?这些问题的答案,需要从专业角度尽快判断。在与其第一天的谈话中,我并未仓促给出解决办法,而是让其回家画一张生涯发展图(即以横纵坐标为例,描画出过去五年比较成功的事例画在坐标上,比较失望的重要事例标注在坐标下面,柱形的高低表示其感受价值的阈值)。随后建议A三天后再来找我。

(二)引入阶段:进行非正式和正式的评估

A三天后很高兴地告诉我,她用一天时间绘制出生涯发展图,惊奇地发现自己可以很有耐心地完成一件愿意做的事情。但对于生涯目标的确定,依然模糊。在第二次交谈中,我指导其做了系统的学习风格分析、价值观分析、个人特质分析、职业兴趣测评和人格测评。结果显示,A性格内外向兼具,职业兴趣偏向社会学和企业型,喜欢变化和创新,适合在快速变化的过程中从事创造性工作,对重复性和细节性的工作缺乏耐心;在工作价值观方面,A重点关注自我提升和成就,这确实验证了A第一次找我诉说的苦恼。A很激动

地告诉我，如果两年前就发现这个问题并及时解决它，现在也不会这么苦恼。在第二次谈话过程中又引出了她的新苦恼，她认为转行要付出很大代价，自己在求职过程中没有竞争力。这时候我建议 A 把外语类职业信息进行收集，并主动参加协会活动和企业实习。此次谈话，我主要引导 A 用自己的力量去深入了解自身所求，明晰优势和劣势。

（三）正题阶段：职涯目标设定，促进进行决策

一个月后，A 再次找到我，向我描述了调研情况。她发现外语专业并不是局限在外事、外语教学行业，自己也可以将专业和职业兴趣相结合，找到合适岗位。在这个过程中，我着重使用 SMART 制定目标方法，帮助 A 将求职目标进行量化、明确化，综合前面两次自我评估、环境评估，帮助选择了职业路线。针对 A 提出对自己从事相对陌生行业的迷茫，我也使用了故事叙事法，帮助 A 找出误区，唤起她改变的内在动力。成功是一架梯子，双手插在口袋里的人是爬不上去的，所以我建议 A 勇敢地联系实习单位，不仅可以真实地参与到职业活动中，而且可以更好地评价对该职业的胜任程度和喜好程度。

（四）结束阶段：跟进与反馈

后续跟进阶段我采取了电话和网络的方式，因为我相信 A 已经明确了职业方向，可以独立处理好矛盾和冲突。同时，我鼓励 A 独立探索和实践自己的职业世界。通过回访，A 告诉我，她的专业没有因为从事一份看似没有任何关系的职业而荒废。在实习单位里，她能够敏锐地发现工作中的细节问题并及时解决，这恰恰得益于大学四年的外语专业学习习惯的养成。她在工作中利用外语专业知识帮助同事一起获得了进步，工作能力得到了领导、同事的高度认可，这份工作也得到家人的大力支持。

三、工作成效

A 的问题看似复杂，甚至在咨询前期毫无切入点，但是通过利用科学的方法指导其制定职业规划，A 最终找到了心仪的工作。同时，最初发现在 A 身上存在的专业认知不到位、自我探索能力缺乏以及就业观念有偏差等问题也得到了很好的解决。所以，辅导员要充分了解学生个性和兴趣特征，在有针对性的教育和辅导的前提下，鼓励学生多参加社会实践、职业规划大赛、就业实习等，将职业规划指导落到实处。

四、工作启示

首先,坚持职业生涯规划工作立足现状,扎根学生。虽然各大高校都开设了职业生涯规划课程,但是不难发现,任课老师多是辅导员兼职教学,辅导员专业背景与职业指导工作的要求并不完全匹配。另一方面,一学期一般开设16学时,对于职业规划这项工作而言课时不足,并且实行大班教学,无法帮助每位学生进行职业规划。授课方式单一,内容多侧重理论学习,缺乏系统性、专业性;考试一般以写报告或者开卷考试为形式,单向性和片面性的教学模式对提高学生能力还远远不够。所以,职业规划不能停留于表面,要扎根于学生实际,辅导员要努力帮助学生树立职业发展的目标和方向,明确其职业发展规划的途径,引导学生指定具体的活动计划。

其次,坚持职业生涯规划的持久性和动态性,搭建有力的学习平台。虽然案例中涉及到更多的是职业生涯指导工作,但是辅导本身就是一个极其个性化的过程,辅导所涉及到的技巧,也并非自成单元而是贯穿全程,每个进程之间是彼此渗透或者循环往复的。所以,辅导员工作要有发展的眼光和意识,耐心地、负责任地跟进每一个学生的问题和困难。着眼于学生的现实问题,将把解决理论问题和解决实际问题相结合,把握教育契机,通过解决学生的当前问题,帮助学生形成正确的人生观和价值观,培养健康的心理和健康的人格。

最后,坚持职业生涯规划的科学性,为学生提供多方位的指导。辅导员将陪伴学生度过最值得回忆的大学四年,是学生的心灵指路人,所以辅导员要有意识地培养自己的职业规划意识和技能,才能帮助学生做到对自我的清晰认知。同时又要帮助学生树立正确的价值观和职业目标,解决学生实际困难,帮助学生在成才、择业中扬帆远航。

临飞助航，圆一个优秀学生的学历提升梦

——辅导员工作案例

窦玉明

一、案例基本情况

2021 年 2 月 20 日，是许多高校考研初试成绩查询的开放日，八点钟刚过，放在书桌边上的手机就传来了几声清脆的微信消息提示音，点开一看，是去年 9 月刚刚毕业的小张发来的截图和几句话。截图是她前几分钟刚刚查到的考研初试成绩单，话语是“老师”“我成绩出来了”“激动得要死”，看到 396 的高分成绩和几个字一条的消息，隔着屏幕我都能感受到她的兴奋和激动。

作为一个艺考落败转普通文理身份参加高考、跌跌撞撞擦着学校最低分数线录取的专科生，能在同一年度跟同学院同级的本科生参与同专业的考研竞技，还取得学院年度最高分、报考学校专业第一名的好成绩，着实让人惊喜。小张，是 2016 级旅游管理专业专科学生、2019 届省级优秀毕业生，是大一积极参与活动、大二热心组织、大三精于管理的学生会副主席，也是大一取得校级一等奖学金、大二荣获全国旅游院校导游技能大赛一等奖、大三夺得国家奖学金的“满贯王”，更是我院历史上第一位毕业当年参加并取得考研成功的专科生。

二、组织实施过程

（一）生涯规划再审视

去年的同一时间段，学生们结束了寒假，开始了新学期的学习。小张同学作为学院行政助理训练营的成员，也投入到了紧张忙碌的办公室工作中。

可跟前一学期不同的是，在不到两周的时间里，两位老师和好几位学生干部都向我反映小张的工作状态不佳，还频频出现了几个小错误，让我有些始料未及。小张是学生骨干中的优秀分子，工作能力和抗压能力都不差，而且经过一个学期的锻炼，各类办公软件和工作流程等也已经游刃有余，出现这样的情况，确实不太正常。

第二天，我便约了小张在不忙的时间来我办公室谈心。因为前期学生会工作和各级导游大赛指导的原因，小张跟我的交流基本无碍，我很快了解到小张情绪波动的根本所在。大一职业生涯规划课上，通过测评和当时自身实际，小张的规划是毕业后3～5年内做一名省内知名旅游公司的优秀导游，所以大一下学期后，苦练导游基本功、努力汲取旅游文化知识、积极参加各级各类专业比赛成了她学习生活的主旋律。如今，获得了国家级专业大赛一等奖，也有几个知名旅游公司找她谈工作去向，可当她听到不少同学为了备战考研或专升本而“痛改前非”、废寝忘食的消息时，心底对提升学历的渴望如破冰下的泉水，一股脑地涌了上来，自己变得无比焦虑，工作也有些心不在焉。

(二)学业目标终确立

找到症结所在后，我继续同小张促膝长谈。首先，确认小张对提升学历这一目标的坚定程度。我以到校作过报告、发展路径不同且小张本人知晓的几名优秀校友为例，认真讲解提升学历和直接进入旅游行业两条路径的不同前景，引导小张构想并描述10年后两条路径下自己的状况差异，探索小张内心对学历重要性的深度认知，确定了她对提升学历的坚持。接下来，针对当时专升本备战时间紧迫、必考科目“计算机应用基础”是小张本人“必死”科目的窘境，又考虑到小张可在毕业前全部考完自考本科科目、毕业当年可申请获得学士学位的前期积累，我安排小张回去后详细查询当前职业技术教育旅游管理方向考研现状，包括可报考学校、近3年招生计划与录取情况、复试过关的学生初始身份等。

两周后，小张拿着几十页的文稿找到了我。里面既有国家大力推动职业教育的政策文件，也有2017年以来全国所有职业技术教育旅游管理方向硕士点所在高校详实的招录材料，还细心地作出了A区和B区的对比分析。小张说她经过两个星期的排查了解和慎重思考，确定了“以自考本科生身份报考职业技术教育旅游管理方向硕士”的前进目标，但仍在报考A区或B区间挣扎。报考A区是为了触碰自己高考前的“名校梦”，报考B区是为了实现自己的考研梦。随后，我采用“生涯平衡单”的方式，让小张对自己的报考区域进行再审视，最终通过指导、测试、分析、检验等步骤，将其现阶段学业目标锁定为“以自考本科生身份报考B区湖南××大学职业技术教育旅游管理方向硕士”。

（三）实施过程勤修整

随后的两个多月里，小张进一步查询该校的招录讯息、考核方向、具体内容等，积极甄选适合自己的考研培训课程，制定详细的学习计划。由于实习未结束，还要兼顾工作，所以她的学习计划精确到了分钟；我也在力所能及的范围内分化其工作任务，引导低年级的学生干部主动担当作为，优化工作梯队、提高工作效率、节约工作时间，合力为她创造好的学习备战条件。“五一”过后，实习工作结束，为了抓好晚上的“额外时间”，小张提出要回家备战，同时为了确保白天的学习效率和效果，她决定去离家很近的某大学自习室学习。因为该校的学习风气在全国都享有盛誉，同时也考虑到宿舍集体生活深夜的不便，我对此表示赞同。

可过了没几天，小张就打来了哭诉的电话。原来，这所高校学生的学习节奏快、学习效率高、自律意识强，在营造良好学习氛围的同时，也给小张这个曾经的高考“失利者”造成了极大的心理压力，让她不仅不能沉入学习，反而精神高度紧张、情绪几近崩溃。听她哭诉完毕，想到其家庭结构简单、父母白天上班不在家的情况和小张大学期间表现出的良好学习习惯和超强自律意识，我当机立断，让她尽快结束在这所高校的“蹭学”行为，改选自家书房作为备战考研的主战场；同时建议她利用第二天所有时间，重新整理和布置书房，雅致的窗帘、温馨的桌布、整洁的书柜、舒适的座椅等一一落实，既是为后续的安心学习优化环境基础，更是为了让她从前几天的焦虑中解脱出来，快速、平稳地投入到后期备战学习之中。

三、工作成效

（一）学生方面

功夫不负有心人。经过近10个月的坚持和刻苦努力，小张收获了报考院校专业第一名的初试成绩，基本实现了自己的“考研梦”，当前的复试准备也越来越有信心。20日当天，小张除了报喜，下午又主动向我咨询研究生期间的学业规划，表示硕士期间要继续努力备战博考，在提升学历的道路上再进一步；同时，她还说，自己将是我永不毕业的学生，希望并诚请我继续指导她未来的求学和人生路。可见，学业生涯规划的重要性，小张已深有体会并高度认同，相信这也必将给她未来的职业生涯和人生旅程提供良好的指引。

（二）教师方面

辅导员常听“抓两头，促中间”的经验之谈，工作实际中往往也就着重倚靠“优秀分子”、过多关注“落后分子”、积极指导中间群体，容易忽视“优秀分子”的别样诉求，更不能提前预设他们会陷入的困境。通过小张事件，让我懂得要认真研判不同学生群体的阶段性诉求，并均衡处理对这三类学生的精力分配和关注点等问题，以便有的放矢地开展指导、服务、教育、管理等工作，努力做所有学生的人生导师和知心朋友。

（三）环境方面

小张“同等学力高分考研”的消息，第一时间在学院传开。当初，小张决定放弃到手的 Offer 而选择去考研时，周围不少同学说她太傻、笑她看不透读研的最终目的同样是为了找个工作。当下，有不少的学生将“人云亦云”走成了现实，别人考研我也考研，他人考公我也考公的现象不乏少数，随波逐流的学生也比比皆是。此时正是 2021 届毕业生锁定毕业去向的关键时期，小张的成功既是“有志者事竟成”的优秀典范，也是“三思而后行”的真实写照，为学院开展学业指导提供了现实案例，也为学生重视、实施学业和人生规划夯实了基础。

共建优良学风　绽放无悔青春
——抓细抓小促进学风建设工作案例

曲蓉蓉

《国家中长期教育改革和发展规划纲要(2010—2020年)》指出:"要调动学生学习的积极性,激发学习潜力,刻苦学习,加强诚信意识,诚信教育,促进良好学风的养成。"学风是学生思想道德品质、学习精神与综合素质的重要体现,是班级的重要组成部分,也是班级风貌与凝聚力的一种体现形式。

一、案例基本情

从繁重的学业和高考的压力中解放出来的大学新生,对老师行为管理依赖性比较强,没有了父母的掌控,自学能力和自我控制能力相对薄弱。由于大学的学习自主性、选择性较多,教学节奏快,新生不能有效合理安排时间,学习方法又不得当,并缺乏自主学习意识。面对全然陌生的学习和生活环境,不少人陷入迷茫和彷徨中,不知如何应对,失去了前进的目标和动力。因此,便在对2019级信管专业学生的管理过程中,重点围绕学生的日常思想教育、学习精神开展班级学风建设工作。

二、案例实施过程

(一)前期准备情况

1.把握新生入学教育这一重要阶段,重点围绕理想信念教育、爱校荣校教育、入学适应教育、专业学习教育、心理健康教育、生涯规划教育、安全健康教育等方面,制定"新生入学教育计划"。

2.促进学生良好行为习惯的养成,制定班级规范化建设工作制度,健全学风建设组织机制。

3.查看学生档案，了解学生的成长历程和学生的性格特点及优势、短板。

（二）工作开展情况

1.以端正学生学习态度为“引擎”，加强新生入学教育力度。军训期间，深入学生公寓，帮助学生解决生活上、思想上的问题，拉近与学生距离，取得学生的信任，真正将思想工作做到日常生活中。

2.以严格学生学习纪律性为“驱动”，注重行为规范养成。开学之初，以《山东青年政治学院学生手册》为标准，让学生熟悉、理解这些规章制度，明确在校期间必须遵守的行为准则。严格“山东青年政治学院学信息工程学院学生考勤制度”，在班委中，设立“纪检班长”职务，主要负责各项考勤工作，对于“迟到、旷课、夜不归宿”等情况严惩不贷，引导学生养成了“三早一晚”的好习惯，即“早睡，早起，早操，晚自习”，端正学习态度，增强学习效率。

3.以明晰学生学习方向性为“助力”，加强专业价值认同。开学之初，查看学生档案，了解学生的性格、特点及优势、短板。并结合本专业情况，主动联系专业负责人，开展专业教师、企业工程师交流座谈会，专业教师通过谈成长、成就、专业学习经历及心得体会，向新生介绍专业前景与发展现状、学院师资情况、课程设置、学风教风、实验设备配置以及专业学习方法、专业能力塑造等，帮助新生了解专业背景及发展趋势。

4.以激发学生学习主动性为“目标”，引领学生乐学会学。抓住“两个阵地”，优良学风入心入行，激发学生自育自学。抓主题班会阵地，在考试周前期，召开“诚信·慎独”主题班会，帮助学生明确诚信的本质和内涵、诚信与道德、诚信与成才的关系，为增强学生对“诚信”的理解，参考网络视频脱口秀代表性节目《奇葩说》的形式，开展关于诚信主题辩论赛，寓教于乐之余，感悟诚信是责任感的体现和道德品格的体现。抓网络教育新阵地，通过微信小程序“小打卡”开通“19 信管学习基地”云打卡，可供选择的打卡内容涵盖了网课学习、笔记复习、作业完成、班级工作、日常锻炼等多个方面，极大地激发了同学们的学习热情，提高了学习效率，丰富了居家学习生活。学院根据最终打卡天数和打卡内容评定获奖同学名单，并于开学后陆续送出打卡奖励礼品。

三、案例工作成效

经过 2019～2020 学年的教育引导，2019 级信息管理与信息系统专业学生，树立起了主动学习、全面学习、终身学习的观念，并且在班级形成了严谨、好学、上进的学习氛围，并促进全体学生养成自主学习意识，端正了学习态度。

（一）强化思想引领，形成育人合力

通过“新生入学教育”，加强日常管理，使学生养成良好学习习惯，树立规矩意识，实现学生“不敢作弊、不能作弊、不愿作弊”，最终交出一份合格的诚信答卷；通过专业思想教育，做好学业指导，增强学生专业归属感，树立专业学习信心，培养专业意识和思维能力，激发学习动力。

（二）抓实教育阵地，优良学风入心入行

学风建设绝非朝夕之功，它体现在每一次出勤、每一节课堂、每一篇笔记、每一次考试中。2019级信管专业在学风建设过程中扎实做好入学教育、日常教育、诚信教育，注重培养学生学习兴趣、学习习惯，激发学生的看齐意识、成才意识。2019～2020学年，课堂出勤率达99%，参与专业社团人数达到专业总人数的1/3，期末考试中“零作弊”。学习氛围得到专业教师一致认可，挂科率明显低于2018级信管专业。

（三）多措并举，确保“云”端学风建设取得实效

开展“云”端学风建设活动，聚焦学生学习中普遍关心的焦点、难点和典型问题，实现个性化的答疑解惑，学生思想的在线交流与交锋，实现学生相关知识的内化、道德情感的生成和科学行为的养成。据反馈，该活动反响良好，同学们的学习热情和学习效率普遍提高，同时也挺高了班级的凝聚力，对构建和谐班集体具有良好影响。

四、案例经验启示

（一）学风建设应该常抓不懈

一方面要抓好新生入学教育，另一方面也要利用好每个学期的开学时间加强教育引导，帮助学生端正学习态度，明确学习目标，铭记学校的纪律要求。

（二）教育和管理双管齐下

面对学生旷课，我们一是按照学生手册和综测条例，对旷课学生行为进行相应的惩戒，严格管理；二是仔细过问旷课的原因，引导教育学生重视课堂，端正学习态度，明确学习目的。

（三）以校园文化建设为前题促进良好学风的形成

一方面，我们要引导学生举行一系列的主题活动，比如职业生涯规划，激发学生学习的动力，明确学习目标，进一步促进良好学风的形成；另一方面，我们要利用各种宣传媒介来弘扬勤奋学习的榜样精神，倡导良好学风形成的重要性。